U0638001

"十二五"国家重点图书出版规划项目

社会系列

庆阳史话

A Brief History of Qingyang

夏红民　主编

社会科学文献出版社
SOCIAL SCIENCES ACADEMIC PRESS (CHINA)

《中国史话》编辑委员会

《庆阳史话》编辑委员会

总　序

　　中国是一个有着悠久文化历史的古老国度，从传说中的三皇五帝到中华人民共和国的建立，生活在这片土地上的人们从来都没有停止过探寻、创造的脚步。长沙马王堆出土的轻若烟雾、薄如蝉翼的素纱衣向世人昭示着古人在丝绸纺织、制作方面所达到的高度；敦煌莫高窟近五百个洞窟中的两千多尊彩塑雕像和大量的彩绘壁画又向世人显示了古人在雕塑和绘画方面所取得的成绩；还有青铜器、唐三彩、园林建筑、宫殿建筑，以及书法、诗歌、茶道、中医等物质与非物质文化遗产，它们无不向世人展示了中华五千年文化的灿烂与辉煌，展示了中国这一古老国度的魅力与绚烂。这是一份宝贵的遗产，值得我们每一位炎黄子孙珍视。

　　历史不会永远眷顾任何一个民族或一个国家，当世界进入近代之时，曾经一千多年雄踞世界发展高峰的古老中国，从巅峰跌落。1840 年鸦片战争的炮声打破了清帝国"天朝上国"的迷梦,从此中国沦为被列强宰割的羔羊。一个个不平等条约的签订,不仅使中国大量的白银外流,更使中国的领土一步步被列强侵占,国库亏空,民不聊生。东方古国曾经拥有的辉煌,也随着西方列强坚船利炮的轰击而烟消云散,中国一步步堕入了半殖民地的深渊。不甘屈服的中国人民也由此开始了救国救民、富国图强的抗争之路。从洋务运动到维新变法,从太平天国到辛亥革命,从五四运动到中国共产党领导的新民主主义革命,中国人民屡败屡战,终于认识到了"只有社会主义才能救中国,只有社会主义才能发展中国"这一道理。中国共产党领导中国人民推倒三座大山,建立了新中国,从此饱受屈辱与蹂躏的中国人民站起来了。古老的中国焕发出新的生机与活力,摆脱了任人宰割与欺侮的历史,屹立于世界民族之林。每一位中华儿女应当了解中华民族数千年的文明史,也应当牢记鸦片战争以来一百多年民族屈辱的历史。

当我们步入全球化大潮的 21 世纪,信息技术革命迅猛发展,地区之间的交流壁垒被互联网之类的新兴交流工具所打破,世界的多元性展示在世人面前。世界上任何一个区域都不可避免地存在着两种以上文化的交汇与碰撞,但不可否认的是,近些年来,随着市场经济的大潮,西方文化扑面而来,有些人唯西方为时尚,把民族的传统丢在一边。大批年轻人甚至比西方人还热衷于圣诞节、情人节与洋快餐，对我国各民族的重大节日以及中国历史的基本知识却茫然无知，这是中华民族实现复兴大业中的重大忧患。

中国之所以为中国，中华民族之所以历数千年而不分离，根基就在于五千年来一脉相传的中华文明。如果丢弃了千百年来一脉相承的文化，任凭外来文化随意浸染，很难设想13亿中国人到哪里去寻找民族向心力和凝聚力。在推进社会主义现代化、实现民族复兴的伟大事业中，大力弘扬优秀的中华民族文化和民族精神，弘扬中华文化的爱国主义传统和民族自尊意识，在建设中国特色社会主义的进程中，构建具有中国特色的文化价值体系，光大中华民族的优秀传统文化是一件任重而道远的事业。

当前，我国进入了经济体制深刻变革、社会结构深刻变动、利益格局深刻调整、思想观念深刻变化的新的历史时期。面对新的历史任务和来自各方的新挑战，全党和全国人民都需要学习和把握社会主义核心价值体系，进一步形成全社会共同的理想信念和道德规范，打牢全党全国各族人民团结奋斗的思想道德基础，形成全民族奋发向上的精神力量，这是我们建设社会主义和谐社会的思想保证。中国社会科学院作为国家社会科学研究的机构，有责任为此作出贡献。我们在编写出版《中华文明史话》与《百年中国史话》的基础上，组织院内外各研究领域的专家，融合近年来的最新研究，编辑出版大型历史知识系列丛书——《中国史话》，其目的就在于为广大人民群众尤其是青少年提供一套较为完整、准确地介绍中国历史和传统文化的普及类系列丛书，从而使生活在信息时代的人们尤其是青少年能够了解自己祖先的历史，在东西南北文化的交流中由知己到知彼，善于取人之长补己之短，在中国与世界各国愈来愈深的文化交融中，保持自己的本色与特色，将中华民族自强不息、厚德载物的精神永远发扬下去。

《中国史话》系列丛书首批计 200 种，每种 10 万字左右，主要从政治、经济、文化、军事、哲学、艺术、科技、饮食、服饰、交通、建筑等各个方面介绍了从古至今数千年来中华文明发展和变迁的历史。这些历史不仅展现了中华五千年文化的辉煌，展现了先民的智慧与创造精神，而且展现了中国人民的不屈与抗争精神。我们衷心地希望这套普及历史知识的丛书对广大人民群众进一步了解中华民族的优秀文化传统，增强民族自尊心和自豪感发挥应有的作用，鼓舞广大人民群众特别是新一代的劳动者和建设者在建设中国特色社会主义的道路上不断阔步前进，为我们祖国美好的未来贡献更大的力量。

陈奎元

2011 年 4 月

出版说明

自古至今，始终坚持不懈地从漫长的文明进程中不断总结历史经验教训，从中汲取有益营养，从而培植广阔的历史视野，并具有浓厚的历史意识，这是我们中国文化独有的鲜明特征，中华民族亦因此而以悠久的"重史"传统著称于世。在整个人类文明史上独一无二、系统完备的"二十四史"即证明了这一点。

中华人民共和国成立后，历史知识普及工作被放到十分重要的位置。20世纪五六十年代，著名历史学家吴晗主持编写的《中国历史小丛书》，90年代中国社会科学院院长胡绳组织编写的《中华文明史话》和《百年中国史话》，成为"大家小书"的典范，而后两套历史知识普及丛书正是《中国史话》之缘起。

2010年年初，为切实贯彻中央关于"做好历史知识普及工作"的指示精神，同时也为了更好地弘扬中国传统文化，我们对《中华文明史话》和《百年中国史话》

两套丛书的内容进行了修订和增补，重新设计框架，以"中国史话"为丛书名出版。第十一届全国政协副主席、时任中国社会科学院院长陈奎元亲任《中国史话》一期编委会主任，时任中国社会科学院副院长武寅任编委会副主任。正是有了各级领导的关心支持和诸多学术名家的积极参与，《中国史话》一期200种图书得以顺利出版，并广受好评。

《中国史话》丛书的诞生，为历史知识普及传播途径的发展成熟，提供了一种卓具新意的形式。这种形式具有以通俗表述、适中篇幅和专题形式展现可靠历史知识的特征。通俗、可靠、适中、专题，是史话作品缺一不可的要素，也是区别于其他所有研究专著、稗官野史、小说演义类历史读物的独有特征。

囿于当时条件，《中国史话》一期的出版形式不尽如人意，其内容更有可以拓展的广阔空间，为此2013年4月我们启动了《中国史话》二期出版工作。《中国史话》二期分为经济、政治、文化、社会和生态五大系列，拟对中国各区域、各行业、各民族等的发展历史予以全方位介绍。我们并将在适当时机，启动《世界史话》的出版工作。史话总规模将达数千种。

我们愿携手海内外专家学者，将《中国史话》《世界史话》打造成以现代意识展现全部人类历史和人类文明，集学术性、知识性、趣味性于一体的"万有文库"；并将承载如此丰厚内容的史话体写作与出版努力锻造成新时期独具特色的出版形态。

希望史话丛书能在形塑民族历史记忆、汲取人类文明精华、培育现代国民方面有所贡献，并为广大读者所喜爱。

史话编辑部

2014 年 6 月

目录
Contents

序

  庆阳市位于甘肃省东部，陕甘宁三省区的交会处，属黄河中下游黄土高原沟壑区，习称"陇东"。全市总面积 2.7 万平方公里，总人口 264 万，辖 7 县 1 区。这里黄土地貌雄浑、历史文化悠久。闻名于世的"黄河古象""环江翼龙"化石和我国第一块旧石器均发掘于此。周祖不窋在此率众拓土开疆，开启了华夏农耕文明的先河。轩辕黄帝与医祖岐伯在此谈医论药成就了《黄帝内经》。以香包、刺绣、剪纸、道情皮影、陇东民歌为代表的民俗文化底蕴深厚，被文化部命名为国家级文化产业示范基地。岁月更迭，斗转星移，及至革命战争年代，庆阳尤以"两点一存"的重大贡献，在中国革命史上写下了浓墨重彩的一笔。

  今日的庆阳，更以新兴能源工业城市的崭新面貌崛起于陇东高原——这里的石油、煤炭、天然气资源富集，石油、天然气资源总量 48 亿吨，煤炭预测储量 2360 亿吨，天然气预测储量 1.5 万亿立方米，具备建设千万吨级大油田、亿吨级大煤田的资源条件。国务院办公厅出台的《关于进一步支持甘肃经济社会发展的若干意见》和国务院批复的《陕甘宁革命老区振兴规划》把庆阳确定为"国家重要的能源化工基地""战略性石化工业基地""全国大型煤炭生产基地""西电东送和西气东输基地"。庆阳，正朝着现代化工业城市的方向努力奋进。

《中国史话》是中国社会科学院社会科学文献出版社组织实施的大型国家级历史文化系列丛书，属"十二五"国家重点图书出版规划项目，《庆阳史话》作为其中一册，我们深感荣幸！庆阳市委、市政府对《庆阳史话》的编纂工作高度重视，成立了编委会，并由市委宣传部、市社科联负责实施，聘请市政协文史委主任杜养惠，陇东学院历史文化学院院长、教授马啸博士，陇东学院文学院副教授齐社祥，市政府研究室副主任胡金玉等专家学者承担具体编纂任务。编纂人员经过充分准备、认真讨论，制定了详细可行的撰写方案，通过实地调研、查阅文献，掌握了丰富的第一手资料，然后按照丛书的总体体例要求，分章撰写文稿，再经多次座谈讨论、反复修改，最后由市社科联主席马启昕统稿，陇东学院教授高新民审校，终于成书付梓。

《庆阳史话》从市情概览、历史沿革、史海钩沉、地方文化、人文景观、现代风貌六个篇章，真实呈现了庆阳的历史脉络和文化魂魄，全面阐述了庆阳多姿多彩的历史文化及其在中华文明进程中的重要地位和深远影响。庆阳以前也曾编辑出版过不同版本的《庆阳史话》，但这本《庆阳史话》作为国家重点项目《中国史话》系列丛书之一，规格层次高，发行范围广，影响力也将更大。以前出版的《庆阳史话》多侧重于历史文化，这次增加了资源禀赋、现代发展状况等内容，有助于广大读者更加全面地了解庆阳。这本《庆阳史话》全书只有十余万字，简洁凝练，通俗易览，是一条认识庆阳、了解庆阳的便捷途径。我们期盼《庆阳史话》能为《中国史话》增光添彩，期盼读者能够通过《庆阳史话》走进庆阳，感知庆阳！

甘肃省副省长
中共庆阳市委书记 夏红民

二〇一四年九月

一　市情概览

　　庆阳市地处甘肃省东部，习称"陇东"。西部和北部与宁夏回族自治区、甘肃省平凉市接壤，东部和南部与陕西省为邻。区域东西宽208公里，南北长207公里，总面积27119平方公里。

　　如果将一张中国地图上下、左右对折，我们就会发现，庆阳正好处在两条对折线相交的地方。也就是说，庆阳处于中国版图的中心位置。

1　地形地貌：复杂多样，雄浑壮丽

　　庆阳市东倚子午岭，北靠羊圈山，西接六盘山，东、西、北三面隆起，中南部低缓，全境呈簸箕形状，故有"盆地"之称。这里黄土覆积深厚，高原地貌雄浑独特。在漫长的地质演变过程中，昔日完整的陇东黄土高原经过雨水、河流长期侵蚀、冲刷，被切割肢解成大小不一的原面和深浅不同的沟道，

形成现存的高原、沟壑、梁峁、河谷、平川、山峦、斜坡兼有的地形地貌。其地形地貌大致可分为中南部高原沟壑区、北部丘陵沟壑区、东部低山丘陵区。北部马家大山最高处海拔2082米，南部政平河滩最低处海拔885米，相对高差1204米。中南部平均海拔1400米，分布着数十条原面和不计其数的深沟浅壑。面积在66平方公里以上的较大原面12条，分别是董志原、早胜原、宫河原、平泉原、新集原、孟坝原、屯字原、西华池原、盘克原、临泾原、春荣原、永和原。特殊的地形地貌，形成了特殊的景观：站在原面，放眼望去，是一望无际的平原；而站在沟底仰望，却是一座座连绵起伏的黄土群山。从高空俯瞰，你会被这一片雄浑瑰丽的景象震撼：黄土原面被大片粮田、果园、菜畦覆盖，色彩或黄或绿或白，林成行、路成网，市镇、村落星罗棋布；沟壑山梁犬牙交错，山坡林草或疏或密，沟道之间偶有的水库、塘坝及淖池，水光潋滟。西北部

黄土土林

海拔为 1500～2000 米，黄土丘陵绵延起伏，草地广阔。众多的低山洼地被改造成山地梯田，与自然形成的河谷、山掌一起，为干旱气候条件下发展农牧业创造了条件。东部子午岭纵贯南北，海拔为 1500～1700 米，森林茂盛，葱郁苍翠。林缘过渡地带，梁峁纵横，河谷曲折，林场田园，相互交织。地处子午岭东麓的合水县太白乡，山清水秀滩涂宽阔，水稻鱼塘草木丰茂，被誉为"陇东小江南"。

天下黄土第一原——董志原

董志原呈不规则长叶片状，纵贯庆阳市中南部，南北长 110 公里，东西宽 50 公里，总面积 910 平方公里，黄土层最厚处达 200 多米，平坦宽广，是世界上面积最大、土层最厚的黄土原面，故此号称"天下黄土第一原"。清末诗人李良栋赋诗描绘董志原："深谷峻坡山无峰，万顷平畴出横空。娲皇补天欲取土，始将峰巅移苍穹。"当代文人有诗赞曰："董志原头显奇观，茫茫平原远接天。麦带金浪连云涌，树幻绿舟逐浪翻。"

历史上董志原几经易名。商周时期称"大原"（见于《诗经》），后又因是传说中的神人彭祖的家乡而称"彭原"，唐宋明清时此地置有安化县，改称"安化原"，清同治十二年（1873）从安化县分置董志县，遂改称"董志原"。

据考证，早在 20 万年前，董志原就有人类活动。夏商之际，不窋、公刘等先周时期的首领们在这里"教民稼穑"，使董志原成为周王朝和华夏农耕文明的发祥地。这里传统农耕技术相对发达，适宜小麦、玉米等粮食作物种植。随着时代的发展和变迁，昔日万亩粮田逐渐呈现为以粮食生产为主，粮、菜、果并举，多种经营同步发展的格局。进入 21 世纪，董志原中北部成为西峰油田的主采区，但见油井场上，一组组红色的抽油机机头此起彼伏，告诉人们这里蕴藏着丰富的石油资源。

董志原

黄土高原最大的天然林——子午岭

庆阳东部与陕西省的交界处，一座山脉纵贯甘陕两省的 9 个县，它就是子午岭，山系总面积 2.3 万平方公里，其中甘肃境内 1.9 万平方公里。区域内有大小河流 15 条，主要有泾河流域的马莲河和北洛河流域的葫芦河两大水系。逶迤绵延的子午岭主脊及其附近覆盖着郁郁葱葱的森林，是黄土高原最大的天然次生林区，被国务院确定为"黄土高原水源涵养林区"，有"绿色屏障""天然水库"之美誉。

　　据历史考证，明朝之前的子午岭地区森林茂密而广阔。随着人口增长，耕垦加剧使森林遭到严重破坏，至清代中期原始森林几乎毁灭殆尽。清同治年间，该地因战乱和民族纠纷，人口逃亡，田地荒芜。此后，一些繁殖力较强的乔灌木逐渐滋生蔓延，形成了现在的天然次生林。进入21世纪，政府对这片森林的保护日益加强，庆阳市境内林区总面积约5100平方公里，生长着松树、柏树、桦树等200多种木材，栖息着豹、狍鹿、灵猫、黑鹳等160多种野生动物。这里阳春山花烂漫，盛夏绿浪涌荡，深秋红叶遍山，隆冬银装素裹，四季如画。

　　子午岭不仅有美丽的高原林海风光和丰富的动植物资源，而且还有悠久的历史文化遗存。华夏始祖轩辕黄帝最早就在这一带活动，他的陵墓就坐落在子午岭东翼的桥山之上。千里通途秦直道、昭君出塞打扮梁、摩崖造像莲花寺、古塞烽烟二将城、碧落霞天塔儿湾、密林碧波凤川湖等人文遗迹，都承载和印证着子午岭的历史和文化。民国初年，李继唐先生赋诗描绘了子午岭的雄伟气势及其深厚的文化底蕴："遥望桥山映太

晨曦照子午

虚，混古重染一带绿。秦皇驱车由斯过，帝子乘龙从此归。古
今多少回首事，历史几遭留青册？尘寰瞬息沧桑变，唯君亦然
正南北。"

2 气候水土：四季分明，水土富足

庆阳深居内陆，受青藏、蒙古高原及大气环流中心制约，
形成温带半湿润、半干旱的大陆性季风气候，光照充足，四季
分明。春季天气回暖快，气温变化剧烈，多寒潮降温天气，风
多干燥，降水较少；夏季日照时间长，温度高，降水集中但分
布不均，局部地区雹、洪灾害较多；秋季多阴雨，少日照，潮
湿，降水递减迅速，气温下降快；冬季降水稀少，寒冷漫长。
区域内气温和降水差异也比较明显，都呈现东南部高西北部低
的特点，形成了东部温凉较湿润、中南部温和较干燥、西北部
温凉干燥的区域气候特征。总体上看，庆阳气候温和，光热水
组合良好，利于多种动物、植物繁衍生长。

境内大部分区域属泾河流域，有马莲河、蒲河、洪河、四
郎河、葫芦河 5 条主要河流，有较大支流 27 条。这些河流注
入泾河、洛河，最后汇入黄河。最大的河流马莲河流域面积
19086 平方公里，其中在庆阳市流域面积 16920 平方公里，占
全市总面积的 62%，年径流量 4.75 亿立方米。

全市现有耕地面积 674.76 万亩，其中原地总面积 405 万
亩，平畴沃野，土地肥美，是农作物主产区，主要农作物为小
麦、玉米。川地水、光、热条件优越，近年来以日光温室和塑

料大棚为主的设施瓜菜生产方兴未艾。部分山地经过平整改造成为梯田,产量显著提高。全市还有林地 1154 万亩、草地 1540 万亩,森林覆盖率 25.3%。

高原平湖——巴家咀水库

1958 年 9 月,原庆阳地区从镇原、庆阳、宁县三县调集数万民工,在庆阳第二大河蒲河中段,开始兴建巴家咀水库,历时 4 年,于 1962 年 7 月竣工。在当时的条件下,硬是靠民工手提肩挑,移动土方 264.5 万立方米、石方 9.2 万立方米,夯筑了一条连接董志原和屯字原、拦蓄蒲河的大型土坝,形成了一处水域面积可达 15 平方公里的人工湖泊,为苍茫的黄土高原增添了水源和生机。水库位于镇原县和西峰区交界处,东距庆阳市区 15 公里。由一座黄土均质大坝、一条输水发电洞、两条泄洪洞、两级发电站和电力提灌站组成,坝体主体工程均为黄土所筑,是全国最大的黄土均质土坝。

水库建成至今,曾进行过两次加高、四次加固维修。2006~2011 年实施的除险加固工程,总投资 1.78 亿元,防洪标准提高到两千年一遇。目前坝高 75.6 米,顶长 565 米,顶宽 6 米,总库容 5.4 亿立方米,控制流域面积 3522 平方公里。它是一座集防洪、供水、灌溉及发电于一体的水利枢纽工程,属全国 12 座重点拦泥水库之一,为治理黄河水沙灾害发挥了重要作用,具有极其可观的社会效益、经济效益和生态效益。

3　物产资源：多样而富集

生物资源多样

全市有记载的植物 700 多种，其中粮食作物 148 种，经济作物 75 种，木本植物 350 多种，草本植物 170 多种，菌藻类植物 6 种。家畜家禽主要有猪、牛、羊、鸡等，野生动物主要分布在子午岭林区，有金钱豹、大鸨、黑鹳、鸳鸯、水獭、黄羊等 160 多种，其中 22 种属国家重点保护动物。

庆阳历来是甘肃省重要的粮食产区，有"陇东粮仓"之称。主要农作物为小麦、玉米，其他农作物主要有马铃薯、荞麦、谷子、糜子、大豆、油菜、胡麻、白苏、烤烟、西瓜、黄花菜等，传统大田种植的辣椒、黄瓜、西红柿、茄子、冬瓜等多种蔬菜在日光温室和塑料大棚实现了反季节种植。黄花菜、环县荞麦、正宁大葱等多种农产品以品质上乘而受到消费者青睐。国家有关部门和单位将庆阳命名为"中国黄花菜之乡"，将环县命名为"中国小杂粮之乡"。

庆阳地处全国苹果生产最佳纬度区，各项地理和气候指标完全符合苹果的生产标准，是农业部确定的西北黄土高原苹果优生带。全市果园以种植红富士苹果为主，面积逐年增加。曹杏、黄甘桃、九龙金枣等特色果品以个大、色艳、味美闻名遐迩，曾作为方物进贡皇室，近年来在甘肃省果品评选中屡获金奖。国家林业局将镇原县命名为"中国杏乡"。

庆阳还盛产 400 多种中药材，其中 154 种列入甘肃省中药名录，69 种列入《中华人民共和国药典》。大宗中草药主要有甘草、黄芪、麻黄、穿地龙、柴胡等。

矿产资源富集

庆阳在地质构造上属于我国北方华北地台大地构造单元，位于鄂尔多斯向斜的东翼，处于关山—六盘山褶皱带以东的鄂尔多斯台区，是内陆新华夏系统沉积带的构造盆地。庆阳地区从古生代起就沉积了海相灰岩，后又海陆交替，盆地和陆梁多次升降演变，形成了含石油和天然气、煤和煤层气的地质结构，并伴有其他岩石矿藏，特别是地下油煤气资储量存极为丰富，分布面积达 2 万平方公里。

石油天然气资源总量 48 亿吨，占鄂尔多斯盆地油气总资源量的 37.8%，已探明石油地质储量 20 亿吨。

煤炭预测储量 2360 亿吨，至 2012 年底，已查明煤炭储量215 亿吨。主要含煤层为侏罗系统延安组，埋藏深，煤层厚，结构稳定。据勘察资料，较好的煤层有 6 层，煤层最大单层厚18 米以上；南部和北部煤层较浅，离地面 600~1200 米，中部煤层较深，离地面最深达 2000 米以上；煤炭种类主要有气煤、肥煤、长焰煤、弱黏煤和不黏煤等，具有低硫、低灰分、高发热值等特征，是优质的动力用煤和化工用煤。

天然气预测储量 1.5 万亿立方米，资源潜力可达 15.16 万亿立方米。煤层气预测储量 1.4 万亿立方米，占鄂尔多斯盆地煤层气总资源量的 30%。

庆阳还有白云岩、石英砂、石灰岩等矿藏。白云岩分布于环县毛井乡黄寨柯村的阴石峡，总储量 675 万吨。矿石为块状，基本不含杂质，可达到一级晶要求，具有冶金、陶瓷、玻璃及提炼金属镁等良好的工业开发价值。石英砂主要分布于西峰—镇原一带及环县甜水堡，其化学成分、矿物成分和粒度成分三大指标均符合酒瓶玻璃原料标准。镇原—西峰7个矿点估算总储量5429万吨，环县甜水堡估算总储量为800万吨。石灰岩主要分布于环县西北部的石梁，矿体呈层状分布，远景储量1226万吨。

除此之外，庆阳境内特别是北部风能资源较为丰富，具有开发利用价值。环县有效风能年总数在4000小时以上，密度在每平方米150瓦以上，年储量在每平方米250千瓦时以上。中国华电集团新能源发展有限公司投资建设的环县南湫10万千瓦风电场已于2012年并网发电。

4 行政区划与人口

庆阳市现辖庆城、环县、华池、合水、正宁、宁县、镇原7县和西峰区，116个乡（镇），3个街道办事处，65个社区。庆阳市委、市政府所在地——西峰区，坐落在平坦宽阔的董志原中部，是全市政治、经济、文化中心。

2012年末，庆阳市总人口264.3万，常住人口221.84万，有30个民族的人口在这里生活，其中汉族人口占99.7%。常住人口中，农业人口159.7万，城镇人口62.14万。

二　历史沿革

今庆阳市所辖行政区域，就区划变迁与地方管理体制的历史沿革而言，大体经历了部族方国管辖时期、北地郡安定郡兼辖时期、庆阳府管辖时期和庆阳市管辖时期。以下予以分述。

1　部族方国管辖时期

庆阳有人类活动的历史开始于旧石器时代中晚期，在镇原县发现的姜家湾、寺沟口旧石器时代中期遗址表明，庆阳远古文明的出现距今约有20万年。而有文字记载的历史表明，夏商时期，庆阳属禹贡雍州之域，庆阳一带最早的居民是戎狄部族，约在夏代前、中期，他们广泛分布在黄河中上游的重要支流泾河、洛河等流域，从事游牧生活，成为本地区最早的部族；夏代晚期，从事农耕的周人部族徙入庆阳一带，"教民稼穑"，开启了农耕文化的新时代。周部族在庆阳活动数百年，在戎狄间"变易风俗，民化其政"（《吴越春秋·吴太伯传》),曾建立豳国,对地方历史文化产生了深远的影响。周人南迁之后,庆阳逐渐被猃狁等少数民族占据,先后建有荤粥、鬼方、羌方、彭卢、郁郅等方国。庆阳在夏、商、西周时期长期处于部族、方国管理之下。

2　北地郡、安定郡兼辖时期

战国时期,"义渠称王",统一今陕甘宁蒙毗邻地区的广大区域,筑有 25 城,势力强大,与秦国相抗衡。秦昭襄王三十五年(前 272),秦灭义渠戎国,在其故地置北地郡,并将商鞅变法的各项措施加以推行,是为庆阳封建化的开端,也表明庆阳及其周边地区结束了部族、方国时代而正式纳入秦国的地方建置系统。

秦始皇统一全国后,庆阳仍属北地郡,这虽是沿袭秦国旧制,但也表明庆阳已完全纳入中央政权管理之下了。北地郡治义渠道(今宁县西北),共辖 12 县,其中义渠、泥阳、弋居、安武、彭阳、郁郅、方渠 7 县在今庆阳市境内。

汉初仍置北地郡。西汉沿袭秦制,一般地区设县,有少数民族聚居的地区设道,与县平级。武帝时,由于疆土的拓展、人口的增加,元鼎三年(前 114),从北地郡析置安定郡,今庆阳地区一部分属北地郡,一部分属安定郡。元封六年(前 105),划全国为 13 州部,北地郡属朔方刺史部,安定郡属凉州刺史部。北地郡统辖 19 县,郡治在马领(今甘肃庆城县西北),在今庆阳境内有马领、方渠、略畔、直路、泥阳、郁郅、义渠、弋居、大要、归德等县。安定郡领 21 县，在今庆阳境内有安俾、抚夷、临泾、彭阳、安武、参䜌等县。

东汉统一西北后，恢复了西汉郡县名称，因人口减少而省并了大量的县，全国总县数明显减少，但县的幅员比西汉要大。北地郡划归凉州。今庆阳地区分属凉州的北地郡和安定郡管辖。东汉北地郡因陇右羌人的两次反抗斗争，曾两次向关中强制迁徙。北地郡治富平（治所在西峰区彭原乡彭原村），仅领 6 县：富平、廉县、灵州、参䜌、泥阳、弋居。在今庆阳市的，东汉前期有弋居、泥阳、参䜌 3 县；东汉后期除弋居、泥阳、参䜌外，又增加了富平、灵州，共 5 县。安定郡治临泾（今甘肃镇原县），仅领高平、朝那、乌枝、三水、阴盘、临泾、彭阳、鹑觚 8 县，其中临泾、彭阳在今庆阳市境内。今庆阳地区北部和东部，在当时已经没有县的设置，完全变成少数民族居住区了。

魏晋南北朝时期，庆阳南部地区先后经历了曹魏、西晋、前赵、后赵、前秦、后秦、大夏的统治。由于政权更迭频繁，行政建制也在不断废置中，地名及其归属也相应发生了多次变化。

三国时期，曹魏政权统辖庆阳南部。魏分全国为 13 州，庆阳南部属于雍州，属安定郡管辖，郡治临泾，领临泾、西川、阴密、泾阳、乌氏、朝那 6 县。临泾（治今镇原县南部）、西川县（治今正宁县永和乡）在今庆阳市境内。今庆阳市北部的环县、庆城、华池、合水为羌胡占据，不属曹魏。

西晋统一全国后，分全国为 21 州。庆阳南部属于雍州安定郡管辖，安定郡治临泾，领临泾、西川、鹑觚、阴密、朝那、乌氏、都卢7县；北部为羌胡占据。

西晋灭亡后，司马睿在建邺（后改名建康，今江苏南京）重建晋朝，史称东晋。与此同时，北方地区由匈奴、鲜卑、羯、氐、羌5个少数民族相继建立了16个政权，即成汉、前赵、后赵、前秦、后秦、西秦、前燕、后燕、南燕、北燕、前凉、后凉、南凉、北凉、西凉和大夏，史称五胡十六国。

由于割据者之间争夺剧烈而频繁，版图变化及郡县废置、新置、迁置等情况屡屡出现，使这一时期的建置显得非常混乱。十六国时期，前赵、后赵、前秦、后秦和大夏等少数民族政权先后统治安定郡。

北朝（386～581），是我国历史上与南朝同时代的北方王朝的总称，其中包括了北魏、东魏、西魏、北齐、北周5个王朝。庆阳先后处于北魏、西魏和北周的统治之下，地方建置也多次发生变化。

北魏是鲜卑族拓跋氏建立的一个封建政权。公元386年，鲜卑族拓跋部建立了魏政权，史称北魏。北魏先后灭掉了北方的割据政权，于公元439年完成了北方的统一。北魏时期，庆阳大部分地区属豳州和泾州管辖。北魏设立豳州，治定安县（今甘肃宁县），兼置赵兴郡。皇兴二年（468），在定安县置华州；太和十一年（487），因平夏至此而班师振旅，又改名班州，置襄乐郡。太和十四年（490），改班州为邠州，十五年（491）复改名为豳州。可见，豳州在北魏时期名称变化频繁。

赵兴郡，治定安县，辖5县，其中3县在今庆阳境内。定安县，治今宁县县城，太平真君二年（441）设置；阳周县，北魏孝文帝太和十一年，取消泥阳护军、惠涉护军，置阳周县，治今正宁县永和镇罗川村；独乐县，治宁县东南，辖宁县东南及正宁县一带；北魏平赫连定后，在今宁县东置高望县。

西北地郡，治彭阳县，辖3县，均在今庆阳境内。彭阳县，治今镇原县太平乡彭阳村；富平县，治今西峰区彭原乡；安武县，治今镇原县上肖乡杨城村万俟沟畎，辖今镇原县南、灵台县北。

襄乐郡，治襄乐县，太和十一年置，领襄乐、肤施2县。襄乐县，北魏孝文帝太和十一年，在今宁县东北湘乐镇侨置襄洛县，并改"襄洛"为"襄乐"。

安定郡，太和十一年罢石堂郡，以其县属辖5县，其中3县在今庆阳境内。临泾县，治今镇原县东南50里；朝那县，治今镇原县中原乡；石堂县，治今镇原县新城乡。另外，陇东郡的抚夷在今镇原县北。

西魏建立后，公元353年改豳州为宁州①，设有赵兴郡，治赵兴城（今宁县城关），领定安、阳周2县。西北地郡，治彭阳县（在今西峰区），领县不详。这期间在庆阳境内设立的州县有：泾州，治临泾县；朔州，治郁郅县，西魏大统十一年（545）置；显州，治阳周县（今正宁永和镇罗川村）②，领阳

---

① 据清人徐文范考证，西魏57州中有"豳州，治彭阳，领三郡"，应当是改为宁州（353）之前的名称，至于其治所的变化，尚待进一步考证。
② 《隋书·地理志》："罗川，旧曰阳周，后周废。"

周县；云州，治彭阳，领彭阳县；燕州，治襄乐，西魏大统十六年（550）置①；蔚州，在乐蟠城，西魏时侨治②。

西魏时期地名的变化，在今庆阳区内的行政区划上也有所反映。大统十四年（548）从泾州分出新平郡置南豳州，治所原在永寿界内③，后移至新平城内（今陕西彬县），因为当时本有豳州（治定安，即今宁县），故称为南豳州。《隋书·地理志》载："北地郡，后魏置豳州，西魏改为宁州。"《元和郡县图志》："废帝三年，改豳州为宁州，以抚宁戎狄为名。"《周书》记载，废帝三年（554），"改置州郡及县……南豳为宁州"④。从此，豳州成为陕西地名。

北周时期，庆阳分属宁州、泾州管辖。宁州，治赵兴郡城，领赵兴郡、西北地郡2郡5县。北周建立之初，曾一度改为北地郡，后复名宁州。泾州，治临泾，领4郡9县，其中安定郡的临泾县、陇东郡的抚夷县在今庆阳市境内。西魏

---

① 《隋书·地理志》："襄乐，西魏置燕州，后周废。"《太平寰宇记》："襄乐县城，本后魏燕子城也。"《周地图记》："文帝大统十六年，置燕州，因筑此城。"《大清一统志》："燕原在宁州东北六十里襄乐镇，后魏置燕州于此。"

② 《隋书·地理志》："彭原旧曰彭阳，有洛蟠城，西魏置蔚州，后周废。"《元和郡县志》："乐蟠县，本汉略畔道也。后汉及晋，无复郡县。后魏文帝于此置蔚州。"此处后魏文帝实际上就是西魏文帝。《太平寰宇记》："乐蟠县，后魏大统六年，于此置蔚州。"

③ 《太平寰宇记·永寿县》："南豳故城，后魏时所筑，在永寿县。北据山，其东西南三面绝险，实控御之地。"

④ 《周书》卷二《文帝纪》。王仲荦认为，"此处南豳实为北豳之讹。《寰宇记》：后魏大统十四年，分泾州之新平县置南豳州，以北别有豳，此为南。废帝三年，废北豳州，此遂去南字。则改宁州者北豳也"。参见王仲荦《北周地理志》，中华书局，1980，第94页。

时期设置的燕州、显州、蔚州、朔州、云州等侨居州均废除。

3 庆阳府管辖时期

隋朝对行政区划体系做了新的改革，地方实行州、县两级制。隋炀帝大业三年（607），又改州县制为郡县两级制。设州时，州的长官称为刺史。设郡时，郡的长官称为太守。隋朝庆阳诸县区分别隶属于雍州北地郡、弘化郡和安定郡等。

北地郡，治定安县（今甘肃宁县），西魏为宁州，大业初年又改为豳州，大业八年（612）改为北地郡。该郡下辖6县，其中在今庆阳境内是：定安县（治今宁县城）；罗川县（治今正宁县永和乡罗川村），开皇时改北魏时的阳周县为罗川县；彭原县（治今庆阳市西峰区彭原乡），开皇十八年（598）设；襄乐县（治今宁县湘乐乡）。

安定郡，治安定（今甘肃泾川），下辖7县，其中在今庆阳境内的是临泾县，治今镇原县，大业初置湫谷县，不久改为临泾县。

弘化郡，治今庆城县，开皇十六年（596）置庆州，大业间改为弘化郡。下辖7县，其中在今庆阳境内的是：合水县，治今庆城县，开皇十六年置；弘化县，治今庆城县北，开皇十八年置弘州，大业初废；华池县，治今华池县东北，仁寿初置；马岭县，在今庆城县马岭镇，大业初置；弘德县，治今环县洪德乡，大业初置。

其中于开皇十六年置庆州，虽大业间又改名为弘化郡，但庆州作为庆阳行政区划命名，首开其端，以后替代其他原有诸多郡州命名，而逐步演化成为唯一命名——庆阳了。而北地郡、安定郡等郡级建置，屡变屡迁，由大到小，因不能适应新的需要而退出了历史舞台。不过，庆阳府的形成，却经历了由隋至唐、由唐至北宋的不断调整与演进。

唐承隋制，实行的是州（郡）县两级制，今庆阳境内有庆州、宁州、泾州、原州等。

唐武德元年（618），将隋弘化郡改为庆州，治所在今庆城县，下辖15县，其中10县在今庆阳境内：安化县、同川县、乐蟠县、蟠交县、怀安县、马岭县、白马县、华池县、方渠县、洛源县。

武德元年，改隋北地郡为宁州，下辖6县：定安县，治今宁县。彭原县，武德元年，置彭州，领彭原1县；贞观元年（627），废彭州，以县属宁州。真宁县，天宝元年（742）改罗川县为真宁县。定平县，武德二年（619），分定安县置，贞观十七年（643），废归义县，并入定平，一度隶属于邠州，唐末以县置衍州，治今宁县政平乡。襄乐县，治今宁县湘乐乡。丰义县，武德二年，分彭原县置，属彭州，贞观元年废彭州，归宁州。

唐朝初年依"山河形便"划分10道，如潼关以西、秦岭以北包含河套在内的广大区域属关内道，庆阳市全境在关内道内。中唐以后，藩镇遍布各地，节镇总数达50多个。关内道设节度使9个，庆阳先隶属于朔方节度使，后来又分属邠宁节度使和泾原节度使。邠宁节度使管邠、宁、庆、鄜、坊、丹、延、衍等州，治邠州。泾原节度使管泾、原、渭、武4州，治泾州。

唐朝还在今庆阳境内设立羁縻府州：芳池州都督府，寄在庆州怀安县（今甘肃华池县北）界，管静、獯、王、濮、林、尹、位、长、宝、宁10个小州，并党项野利氏种落。宜定州都督府，寄在庆州界，治今庆城县城附近[①]，管党、桥、乌、西戎、野利、米，还7个小州。安化州都督府，寄在庆州界，治今庆城县城附近，管永利、威、旭、莫、西沧、儒、琮7个小州。

庆州境内的羁縻府州主要安置党项人。这些党项部落，大都是受到吐蕃的侵逼而内迁的。随着形势的变化，其府州建置也常常处于变动中。

羁縻府州制度是唐羁縻政策系统中的一个重要组成部分，是少数民族附唐部落受到朝廷的册封而形成的府州体制，其都督和刺史都由部落首领、酋长担任，他们定期向朝廷朝觐和贡奉，府州内部事务则由自己管理。

五代地方行政建置，是唐末割据状态的继续。由于政局动荡不安，改朝换代迅速，地方建置也复杂多变，在庆阳市内曾设立了宁州、庆州、原州、衍州、威州（环州）等。后梁时期宁州辖安定、真宁、襄乐、丰义、彭原等县；庆州辖顺化、

----

① 史念海先生认为，宜定和安化二州未见侨治所在县名，可能即在进甘肃庆阳县附近，因今庆阳县为当时庆州的治所（史念海：《黄土高原历史地理研究》，黄河水利出版社，2001，第568页）。

合水、马岭、桐川、华池、洛源、怀安、延庆等县；灵州辖通
远县；原州辖临泾县；衍州辖定平县。在此基础上，以后各朝
皆有变化。如后唐清泰三年（936）二月，原州刺史翟建上奏
将原属泾州的临泾县改属原州。后晋天福四年（939）五月，
"灵州方渠镇宜升为威州"，辖灵武县，木波、马岭二镇隶之。
后周广顺二年（952）三月，改威州为环州，显德四年（957）
九月，降环州为通远军。显德五年（958）六月，废衍州为定
平镇，隶邠州。这些变化反映了在频繁的朝代更替中，行政区
划处于一种混乱的状态。

北宋初年将全国分为京东路、京西路等15路，今西北地
区属于陕西路。元丰中，将全国析分为23路，其中陕西路分
为了永兴军路和秦凤路。至宋徽宗宣和四年（1122），全国增
加到26路。北宋的二级地方行政区划有府、州等，三级区划
为县，还有军、监等。此外在一些重要的地区设置城、寨、
关、镇。今庆阳在北宋时分别隶属于永兴军路和秦凤路。

永兴军路治京兆府（今陕西西安市），管辖京兆府、河中
府、延安府和陕、延、同、华、耀、邠、鄜、解、庆、虢、
商、宁、坊、丹、环15州。其中庆、宁、环州在今庆阳市。
庆州治安化县，领3县①：安化、合水、彭原。宁州治定安
县，领4县：定安、襄乐、定平、真宁。环州治通远县，领1
县：通远县。辖区相当于今环县及陕西吴旗县一部分。

---

① 据《太平寰宇记》卷三十三的记载，庆州原领11县，3县合并〔同
　 川（入安化）、延庆（入安化）、合水（入乐蟠）〕，5县旧废（马岭、
　 洛源、方渠、怀安、蟠交）。

秦凤路治成纪（今甘肃天水市秦城区），辖1府（凤翔）、12州（秦、泾、熙、陇、成、凤、岷、渭、原、阶、河、兰）、3军（镇戎、德顺、通远）、28县。其中原州在今庆阳市。原州治临泾（今甘肃镇原县），领2县（临泾、彭阳）、2镇（新城、柳泉）、5寨（开边、西壕、平安、绥宁、靖安）。

自宋徽宗宣和七年（1125）始，地方建置又有变动。隶属于永兴军路的庆州升为庆阳府。"宣和七年，改庆州为府。旧置环庆路经略、安抚使，统庆州、环州、邠州、宁州、乾州，凡五州"①。庆阳自此正式作为行政区划名称，沿用至今；庆阳府作为府级地方建置，一直沿用至清末。此外还有主管刑狱的提点刑狱使路和主管军事的安抚使路。转运使的衙署为"漕司"，提点刑狱使的衙署为"宪司"，安抚使的衙署称"帅司"。各司互不统摄，都直接对中央负责。北宋在地方上实行三路并存，转运使路与帅司路、宪司路的分区不尽一致，永兴军路和秦凤路设转运使二，而帅司则为四。庆历元年（1041），又分陕西沿边为秦凤、泾原、环庆、鄜延四路。前面所讲的环庆路、泾原路就是指掌管军事的安抚使路。此外，镇原、环县西部地区隶属于镇戎军（治今宁夏原州区）、怀德军（治今海源县黄绛堡）。环县甜水堡一带，则归西夏管辖。

金朝在控制北方后，仿行宋制，在地方实行路、府（州）、县三级制。皇统二年（1142）将北宋的永兴军路、秦凤路划分为京兆府、庆原路、鄜延路、凤翔路、临洮路，辖京

---

① 《宋史·地理志》。

兆府、凤翔府、庆阳府、平凉府和临洮府。今庆阳大部分地区隶属于庆原路庆阳府、环州、镇原州和宁州。

此外，今环县西部地区归镇戎州。金、夏在庆阳一带的边界，基本上沿袭宋夏界限。因此，今环县甜水堡一带仍归西夏。

元朝时期，在地方实行行省制度。元朝将全国划分为 10 个行省，行省下分别设有路、府、州、县等。中统三年（1262），元朝设置陕西四川行省，治京兆路（后改安西路，今西安市）。至元二十三年（1286），新置四川行省，改原陕西四川行省为陕西等处行中书省，简称陕西行省。

陕西行省辖 4 路、5 府、27 直隶州及 12 属州、88 县，包括今陕西省全部及甘肃、宁夏、内蒙古的部分地区。

庆阳分属于巩昌路下辖的庆阳府、宁州、镇原州、环州等处管理。

庆阳府治今庆城县，元初改为庆阳散府，至元七年（1270），废安化、彭原 2 县归庆阳府。领合水 1 县，华池（今华池县东南）、驿马（今庆城县西南）2 镇，金汤（今陕西吴旗县东南）、白豹（今陕西吴旗县西南）、大顺（今华池县东）、柔远（今华池县）4 寨。其北界至陕西吴旗、定边县。

宁州治今宁县。至元七年，并襄乐、安定、定平县入宁州。领真宁 1 县，辖太昌、枣社、山河 3 镇，襄乐、定平 2 城。

镇原州治今镇原县城。唐为原州，宋、金因之，元改镇原州。至元七年，废临泾、彭阳县归州。

环州治今环县，旧领通远县，至元七年废县入州，辖方渠镇、安化寨和洪德城，其北界至今宁夏盐池县。

在元朝的不同时期，虽然州、县进行过一些调整，但以上建置没有大的改变。

明朝在地方行政建置上实行布政使司、府（州）、县（州）三级行政管理体制。洪武二年（1369）四月置陕西等处行中书省，到洪武九年（1376）改行中书省为承宣布政使司，西北地区都归陕西承宣布政使司管辖。当时陕西承宣布政使司领有庆阳、西安、延安、巩昌、临洮等8府，华州、商州、兰州等21州，咸阳等95县。洪武二年，设庆阳府，形成稳固的地方府级行政建置，下辖宁州、安化县、合水县、环县（废州为县）、真宁县；镇原县（废州为县）属平凉府。各县名称与区划基本定型。

清初沿袭明代建置，设甘肃巡抚驻宁夏，顺治五年（1648）徙甘肃巡抚驻兰州。康熙三年（1664）设陕西左右布政使司，以右布政使司驻巩昌，领巩昌、临洮、平凉、庆阳4府。六年（1667）改名为巩昌布政使司。七年（1668）徙治兰州，始名甘肃布政使司，陕、甘两省正式分治，庆阳属甘肃省。

庆阳府下辖1州4县：宁州和安化、合水、正宁、环县。镇原县属平凉府管辖。乾隆四十二年（1777）后，镇原县改由泾州直隶州管辖。

陕甘回民事变之后，同治十二年（1873）左宗棠奏请朝廷在安化、镇原、宁州相接之董志置安化县丞（俗称董志分县），治所在董志镇，"南至李家城、三不同，东至齐家东庄，北至司官寨"的区域由其管辖。平庆泾固盐法兵备道魏光焘在《创建董志分县城碑记》中说："县丞、贰佐，职也，而任则专，城、钱、谷司之，刑名理之，体制几与县埒。"清楚地指明县丞的职责是管理钱谷，执掌刑名。体制几乎与县级行政建置相当。

4　庆阳市管辖时期

辛亥革命之后，地方建置经历了一个比较大的改革过程。

民国初年，废除了传统地方行政省县之间设置的府、州、厅，以道代之，采取严格的三级制，省之下为道，道之下为县。甘肃被划分为7道。1912年4月，北洋政府设立平庆泾固化道（后改泾原道），公署设在平凉，最高行政官员称道尹，管理原来平凉府、庆阳府、泾州直隶州、固原州、化平厅所属各县、州、厅。1913年2月，甘肃民政厅对县级行政体制进行了改革，一是将清政府时期的厅、州、分州、分县改为县，如1913年4月改宁州为宁县，撤销了董志分县；二是裁撤府建置，庆阳府被取消了；三是改定道名和县名，即平庆泾固化道改名为陇东道，原安化县因与湖南、广西、贵州3省县名重名，1914年1月改名为庆阳县。道的最高行政官员称观察使，县的最高行政官员称县知事。改革后，今庆阳市辖区设6县，即庆阳、镇原、正宁、合水、环县、宁县，属陇东道。1914年5月，改陇东道为泾原道，驻平凉县（今平凉市），下辖17

县，其中庆阳、镇原、正宁、合水、环县、宁县属今庆阳市行政辖区。庆阳县治所在庆城镇，宁县治所在新宁镇，正宁县治所在今县西南罗川（1930 年迁山河镇），镇原县治所在城关镇，环县治所在今环城镇，合水县治所在县北合水老城。

南京国民政府的地方政权系统分为三级，即省、专员公署和县政府。南京国民政府行政督察专员制度创设于 20 世纪 30 年代初。1935 年 5 月，甘肃省政府奉军事委员会南昌行营命令，将全省划分为 7 个行政区，设立行政督察专员公署，专员兼任保安司令和驻在县县长。根据南京政府和甘肃省有关规定，甘肃省第三督察专员公署设在西峰镇，下辖庆阳、镇原、宁县、环县、正宁、合水、泾川、灵台、固原 9 县。县政权下设区，根据各区人口、经济等不同，国民政府将县属区划分为甲、乙、丙三种类型。甘肃省第三区督察公署辖今庆阳 6 县（除环县外），共设 18 个区，其中甲等区 3 个、乙等区 6 个、丙等区 9 个。1936 年 6 月，红军长征时解放了环县，推翻了国民党政权，所以国民党政府未设区。

1927 年大革命失败后，在中国共产党的领导下全国各地开展了轰轰烈烈的反对国民党统治的斗争。庆阳在西北的革命斗争中占有领先地位。1927 年秋，王孝锡等共产党人在宁县太昌镇成立了甘肃第一个中共基层组织。1930 年前后，刘志丹、谢子长在陕甘边界一带开展革命活动。1934 年 11 月 7 日，在南梁成立了陕甘宁边区苏维埃政府。随之，建立了华池、庆北县的革命政权，1935 年秋又建立了新正、新宁县的革命政权。同年 11 月，成立陕甘省，辖华池、庆北等县；成立关中特区，辖新正、新宁等县。1936 年夏，建立了环县、曲子两县苏维埃政权，将庆北县与华池县合并为华池县。同年，陕甘省改为陕甘宁省，省址由陕北迁环县河连湾，冬季又迁曲子镇，辖华池、曲子、赤庆、固北、定环等县。1937 年陕甘宁省撤销，成立庆环分区行政督察专员公署，辖华池、环县、曲子 3 县。陕甘宁边区政府成立后，中共中央决定将原由中共陕西省委领导的关中特区划归陕甘宁边区领导。10 月，将关中特区改为关中分区。关中分区下辖新正、新宁、赤水、淳耀 4县。1940 年春，成立陇东分区行政督察专员公署，辖庆阳、合水、镇原 3 县。秋季，庆环、陇东分区合并为陇东分区，辖华池、环县、曲子、庆阳、镇原、合水 6 县。1949 年 5 月，关中分区改为三原分区，新正、新宁县归三原分区。6 月，新正、新宁县改称正宁、宁县，划归陇东分区管辖。7 月 27 日西峰解放，8 月，陇东分区改为庆阳分区专员公署，辖西峰市及华池、环县、曲子、庆阳、合水、镇原、正宁、宁县 8 县 1市，隶属甘肃行政公署，12 月 2 日，改属甘肃省人民政府。1949 年 7 月 8 日西峰解放，成立庆阳专员公署。

1949 年中华人民共和国成立后设庆阳专区，专署驻庆阳县西峰镇，辖庆阳、合水、宁县、正宁、华池（驻悦乐镇）、曲子、镇原、环县 8 县。1950 年撤销曲子县，并入庆阳、环县 2 县。1951 年华池县迁驻柔远城子。1952 年合水县迁驻西华池。1955 年庆阳专区撤销，所属各县划归平凉专区。

1961 年复设庆阳专区，辖 7 县，专署驻庆阳县西峰镇。平凉专区所属庆阳、环县、镇原、宁县 4 县划入庆阳专区。恢复正宁（驻山河镇）、合水（驻西华池）、华池（驻柔远城子）3县。1970年庆阳专区改称庆阳地区，驻庆阳县西峰镇，辖庆阳、环县、华池、合水、正宁、宁县、镇原7县。

1985年，撤销庆阳县西峰镇，设立西峰市（县级），以原庆阳县的西峰镇和温泉、什社、后宫寨、显胜、肖金、陈户、董志、彭原8乡为西峰市行政区域。

2002年6月22日，经国务院批准（国函〔2002〕55号）：（1）撤销庆阳地区和县级西峰市，设立地级庆阳市，市人民政府驻新设立的西峰区长庆北路。（2）庆阳市设立西峰区，以原县级西峰市的行政区域为西峰区的行政区域，区人民政府驻九龙南路。（3）庆阳县更名为庆城县。（4）庆阳市辖原庆阳地区的镇原县、环县、华池县、合水县、宁县、正宁县和新更名的庆城县以及新设立的西峰区。

三　史海钩沉

　　庆阳在历史上曾经有过显赫的地位。先秦时，庆阳是"戎狄之地"，史称周人先祖的不窋曾"奔戎狄之间"，开始了华夏族与戎狄之间的交融。周秦汉唐时期，定都关中，庆阳战略地位显要，有"每西北发难，控扼之备未尝不在庆州"之说。即使在中国政治中心移出关中后，庆阳依然扮演过重要的角色。北宋时期，赵宋王朝与西夏对峙于庆阳一线；明朝时期，庆阳为明王朝抗击鞑靼进犯关中的前哨。因此，庆阳在古代历史上对中原王朝一直起着屏障作用，正所谓"三秦为海内上游，延安、庆阳为关中藩屏"。庆阳地区还是新民主主义革命的重要根据地之一，是甘肃省唯一的革命老区。红军长征到达陕甘根据地之前，这里诞生了甘肃省第一支革命武装——南梁游击队；1934 年，刘志丹、谢子长、习仲勋领导建立了西北第一个苏维埃南梁政府。之后，陕甘边区主力红军与陕北红军相互配合，进行反"围剿"斗争，使陕甘根据地与陕北根据地连成一片，形成陕甘革命根据地，为党中央和长征红军提供了落脚点。陕甘根据地继而发展为陕甘宁革命根据地，是八路军三大主力奔赴抗日前线的出发点。庆阳为中国革命的胜利作出了重大贡献。庆阳是中国革命的老区，也是中国历史的"老区"，对中国历史的发展产生了重要影响。庆阳人杰地灵，堪称兴业圣地。本章撷取庆阳历史上对国家发展产生过重大影响的历史事件、革命活动，以及对历史前进起过推动作用的重要人物予以简要介绍，以增加读者对庆阳历史的认知。

1 周先祖与庆阳

尧舜时期，周人远祖弃，因好农耕，善稼穑，被尧、舜二帝先后封为农师后稷，并将邰地赐赏给弃。此后，世代为后稷。大约在夏朝后期，第13代王孔甲去稷不务，不窋失去农师之官，遂率领族人来到戎狄之间（今庆城县），与当地居民和平共处，从当地民众那里学习畜牧业，同时也以自己的传统农业影响当地人，这就是后人所说的"教民稼穑"。从其孙公刘开始，迁入豳地，建立了豳国，宁县有公刘邑。它的范围，东到子午岭，南到彬县、旬邑，西到泾川、灵台、镇原，北到环县、华池，成为当时西北势力较强的部落方国。此后，经裔孙皇仆、差弗、毁隃、公非、高圉、亚圉、公叔祖类、古公亶父等，前后共12代、400余年在豳地的经营和发展，壮大了周族部落，形成了周王朝的雏形。在商朝武乙年间，古公亶父为避戎狄侵扰，率部族南迁陕西岐山县的周原，自称为周。从此，庆阳地区被戎狄占据，出现了方国林立的局面，但西周尚能"料民太原"。到春秋时，成为义渠戎国辖地。义渠与秦国对峙，秦灭义渠，在其故地设立北地郡，庆阳正式纳于中央王朝的管辖之下。

在庆阳，至今还保存着许多先周遗迹。如在庆城"削阜为城"的古城址依然存在，城东山有不窋墓，此墓在《史记正义》《元和郡县志·关内道》《括地志》中都有明确的记载，城北50里地有公刘庄，相传为公刘出生地，号天子掌，腴田数亩，人莫敢垦；宁县有公刘邑；庆城有明代修筑的"周旧邦"牌坊楼一座，至今完好；西峰市刘家店有公刘殿与公刘诞辰庙会活动。

《国语·周语》载：不窋率领族人子窜于戎狄之间后，"不敢怠业，时序其德，纂修其绪，修其训典，朝夕恪勤，守以敦笃，奉以忠信，奕世载德，不忝前人"。《史记正义》曰："言不窋奕世载德，不忝后稷。"虽然这其中也包含有对夏商主流文化的一些继承，但周人对祖训的继承，是一点也不能忽视的。不窋继承和发扬先代的美德，守以敦笃，奉以忠信。同时，为了避免族人之间的纠纷，他还将约定俗成的道德准则整理成训典，用来约束和引导人们的言行。

公刘迁豳之后，"虽在戎狄之间，复修后稷之业，务耕种，行地宜"，恢复农业生产技术，使作为华夏民族主要生产方式的农业经济得到延续和发展。公刘迁豳影响重大，"盖自不窋窜戎以后，地非安乐，事多草创，历三世至公刘有令德，而生聚亦渐蕃，物力亦渐充，于是始择善地而迁，立法定制以

垂永久，其后遵守之而不改耳"①，为后来周朝的形成与发展
奠定了基础。所以，司马迁《史记·周本纪》言，公刘勤朴
努力，使周先民"行者有资，居者有畜积，民赖其庆。百姓
怀之，多徙而保归焉。周道之兴自此始，故诗人歌乐思其
德"。

由上可见，历史文献所记述的先周世系嬗递系统和迁徙活
动与庆阳有直接关系，庆阳是周先祖活动的重要地域，其中最
有影响的不窋、公刘就活动在这里，他们笃守忠信，倡导敬天
保民、天人和谐的思想，制定训典，以民为本、以德立邦、修
业兴邦、礼法治国、强调秩序等，形成"周道之兴自此始"
的局面，对后来的儒家文化产生了重要影响，也深刻影响了几
千年来的中国传统文化。

2　岐黄故地

南宋郑樵《通志·艺文略》言："古有岐伯，为黄帝师，
望出安化。"就是说，岐伯的郡望在安化，即今庆城县。

岐伯是我国古代中医学的鼻祖，而中医学对人类的生存和
发展作出了巨大贡献，是中国传统文化的重要组成部分。中医
学又被称作"岐黄之术"（岐，指岐伯；黄，指黄帝），黄帝
与岐伯共同开创了古代中医学的先河。岐伯是黄帝时期的医
官，中国史书记载中的第一位医学家，他总结了先民的医学成

---

① 崔述：《丰镐考信录》（一），商务印书馆，1937。

就，并将其提升到较高的水平，在与黄帝的问答讨论中阐发了自己的见解。战国秦汉时期，医学家们继承并汇集了岐伯的医学经验和理论知识，将其编成医书流传下来，这就是《内经》，又名《黄帝内经》，包括《素问》《灵枢》两大部分，是我国现存医学文献中最早的一部典籍。可以说，岐伯与黄帝论医是中医学的源头。

从现存的资料看，岐伯的贡献主要集中在两个方面。一是与黄帝论医，为中国医药学奠定了理论基础。二是创定军乐。军乐俗称鼓吹，是古代行军作战中使用的重要器具，每当临战或获得大捷，往往要演奏特定的音乐以壮军威或庆祝胜利。值得我们引以为豪的是，岐伯这位中华医学祖师出生在西北黄土高原，郡望就在庆阳。古代陇东人民对出生于本土的这位医学先贤充满了感戴之情，建庙供奉。岐伯关心民众疾苦，寻找治病救人的办法，这种精神也为后来的陇东人民所继承和发展。岐伯之后，陇原大地代有名医，他们沿岐伯所开创的中医学道路不断探索，将岐伯的业绩发扬光大，丰富了祖国中医学研究，取得了丰硕的成果。因此，包括庆阳在内的陇东地区被称为"岐黄故地"。

3 东汉哲学家王符

王符，字节信，安定临泾（即今镇原县）人，约生于东汉章帝建初七年（82），约在公元167年去世。

王符生活在东汉由盛转衰的时期。在他20岁左右的时候，发生了羌人的反抗斗争，东汉政府将安定郡内迁，给人民生活带来了严重灾难，王符本人也是这次内迁的受害者。在内迁的过程中，王符有机会到达洛阳，结识了当时的一些著名学者。史载王符"少好学，有志操，与马融、窦章、张衡、崔瑗等友善"。马融出身贵族，其从祖父马援为伏波将军。窦章、张衡、崔瑗都是东汉的著名学者，王符能够与他们交游，说明他的学识在当时已经有了一定的影响。与这些著名学者的交游，对他学问增进有很大的帮助。

自东汉中期以来，社会矛盾日益尖锐，士人大多到处求官谋职，当权者也更相荐引，而王符独耿介不同于俗，因此不得仕进。于是他愤而隐居著书，作《潜夫论》，终生不仕。延熹五年（162），同乡度辽将军皇甫规解官回安定。乡人往谒，皇甫规冷落退职太守，而欢迎王符。以至时人说："徒见二千石，不如一缝掖。"可见他在当时颇负盛名。

安定俗鄙妾生之子，而王符"无外家"，故被乡人贱视。汉代，嫡庶十分严明，庶出无权继承家业，其外家不被承认。王符既是庶出，就说他"无外家"。宋代黄庭坚曾为此抱不平，他有诗云："能著潜夫论，何妨无外家？"

王符所著《潜夫论》共10卷36篇，数十万字。该书围绕当时的社会现实问题，讥议时政得失，揭露权势阶层贪婪、残暴的恶行，其主旨在于针砭现实、探寻治道，反映了王符身为布衣、心忧天下的强烈忧患意识。《潜夫论》虽只有36篇，但无论从哪个角度来说，都是我国古代文化的精品，它涉及的领域相当广泛，对哲学、政治学、经济学、教育学、历史学、管理学、法学、宗教学、军事学、人才学、文学，甚至心理学，都有自己的见解，在我国古代思想史、文化史上占有重要的地位。王符被后人看做是与王充齐名的思想家。

近 2000 年来，王符受到了后人的尊敬和爱戴，《潜夫论》被多次重刻，王符的深邃思想和忧民品格，对于中华民族的生存与发展也是一种很好的精神动力。

4　西晋思想家傅玄

傅玄（217~278），字休奕，公元 217 年生于北地郡泥阳县。傅玄生活在魏晋之际，是一位刚直的政治家，晋武帝泰始初年，傅玄多次上疏指陈社会弊端，希望君主能真正建成清明政治。他任职期间，敢于直言匡正、指斥时弊，受到晋武帝的称赞。傅玄的谥号是"刚"，其子傅咸谥号"贞"，父子二人一刚一贞，相得益彰。傅亮是傅玄的五世孙，帮助刘裕建立南朝宋，宋武帝刘裕临终指定傅亮等为顾命大臣，扶持年幼的宋少帝。宋少帝疏远贤能，昏庸无道，傅亮与徐羡之等将失德的少帝废除，拥立宋文帝刘义隆登基。傅昭是傅玄的八世孙，生活于南朝梁时期，傅昭勤奋好学，为官清廉，谥号为"贞"。一刚二贞，交映生辉，使古代北地傅氏家族文化的特色显得格外醒目。

傅玄也是一位著名的学者，在政治学、哲学、文学、历史学等方面都有一定的成就。傅玄一反玄学家所为，承袭了先秦以来的唯物主义观点，形成了他朴素的唯物主义元气一元论和朴素辩证法思想。他认为自然界由"气"组成，元气是万物的始基，万物正是由于气的升降而化生演变的。他将人类社会及历史看做是一个自然过程。傅玄是一位高产的文学家，以写赋及乐府诗见长，今存诗文 228 篇（首）。从作品体裁看，诗23 题 28 首、赋 58 篇（题）、乐府 99 篇（题）、铭 22 篇，其他奏疏赞类杂文 16 篇。无论从赋还是乐府诗的体裁看，傅玄在数量方面压倒了一切魏晋作家。傅玄以著述国史开始跻身儒林，由修撰《魏书》而走上仕途。《傅子》是傅玄最为重要的作品，也是他在中国思想史上产生重大影响的一部政论、道德论和史论文集，他参与撰写《魏书》中的许多资料在《傅子》的"中篇"中收存。

5　狄仁杰在宁州

　　庆阳古代有受国家重臣、名臣治理的历史，这在当地很容易留下深刻的历史记忆。狄仁杰就是其中一位，他是唐高宗与武则天时期重要的政治家。狄仁杰在没有成名之前，曾担任过宁州刺史。

　　狄仁杰（630～700），字怀英，并州太原（今山西太原）人，政治家，武则天时期曾任宰相。狄仁杰应试明经科（唐代科举考试科目之一），从而步入仕途。他初任并州都督府法曹，转大理丞，改任侍御史，历任宁州、豫州刺史，地官侍郎等职。弘道元年（683），唐高宗去世。狄仁杰离开长安，告别了度支郎中①的职务，担任宁州刺史。刺史品秩虽然比度支郎中高，但权力却小了，因此在时人看来实际上是被贬官了。

狄仁杰在两件事情上，给庆阳人民留下了深刻的记忆。

第一件事是他对宁州的治理，得到老百姓极高的拥护。当时宁州为各民族杂居之地，不同民族间的纠纷与摩擦时常发生。狄仁杰针对当时的实际，注意妥善处理民族矛盾，采取"抚和戎夏"的措施，以改善民族关系，创造安宁祥和的社会氛围。同时，他注意革除行政弊端，约束官吏扰民的行为，指导民众发展生产，减轻人民的负担，结果老百姓人人欢心，为他建造了德政碑。当时朝廷派监察御史巡视各地，所经之处都是弹劾官员的呼声，但到宁州境内，很多父老乡亲赞颂狄刺史的德政，使御史十分感慨，在居住的馆舍当即给朝廷写推荐表，建议升迁。不久，狄仁杰就被征召入朝，委以重任。

第二件事是对一个谋叛案件的处理，显示了他的公正与才干。这个案件不是发生在宁州，但却和宁州有着奇妙的联系。事情的起因是狄仁杰任豫州刺史时，正好越王李贞起兵汝南谋反失败，一时被连带判处死刑的有六七百人，家属被贬为奴婢的有5000多口。大理寺逼促他尽快行刑，他深知黎民百姓多是胁从参与的，不宜将他们处死，就设法拖延执行时间，同时密奏朝廷，陈明事实真相。武则天接受了狄仁杰的建议，特赦了这批死囚。狄仁杰将案子审查后，判定这些受株连者流配丰

---

① 度支郎中，为户部度支司的长官，度支司是国家最高的财政主管机构，掌管政府的预算、开支，是一个非常重要的机关。

州。流徒们经过宁州时，宁州的父老乡亲接待、慰问他们，并激动地说："是我们狄使君救活了你们啊！"大家手拉着手到德政碑下痛哭。宁州父老乡亲们热情招待这些被狄仁杰拯救的人，三天之后才送他们上路。他们到达丰州后，也仿照宁州的做法，为狄仁杰立德政碑，歌颂其恩德。范仲淹对此感叹地说："古人把地方官称为父母官，像狄公是超过了这一点。能把已判死刑的人救活，即使是亲生父母也难以做到啊！"

古代，老百姓对公正无私、一身正气、善于判案的清官非常崇敬，认为连鬼神也会对这样的人物敬畏三分，所以常附会一些震慑鬼神的传说，以表达自己的愿望。宁县至今流传着"狄仁杰斩九龙"的故事，就反映了老百姓对狄仁杰清除水患、造福地方的称赞。为民造福的人，一直会受到人们的敬仰。

6 范仲淹父子知庆州

范仲淹是中国古代对庆阳影响最大的历史名臣之一。

范仲淹为北宋著名的政治家、思想家、军事家和文学家。少年时家贫但好学，当秀才时就常以天下为己任，有敢言之名。为官后曾直言上书批评时任宰相，因而三次被贬。宋仁宗时官至参知政事，相当于副宰相。宋仁宗庆历元年（1041），西夏赵元昊称帝，举兵进攻延州。宋王朝与西夏开始交兵，北宋西北边防受到极大威胁。范仲淹受命于危难之际，知守庆州。范仲淹在庆州"出将入相"、践行以民为本与"先忧后乐"的思想，书写了人生辉煌。

庆历元年五月，52 岁的范仲淹调知庆州，庆历二年（1042）十月，他离开庆州知州的位置，由滕宗谅继任。北宋对西边军政作了调整，命韩琦、范仲淹同开府泾州，韩琦兼管秦凤路，范仲淹兼管环庆路。范仲淹知庆州一年零五个月，知庆州期间两议攻守、制定守策，修筑大顺城、细腰城，搞好汉蕃关系，举荐贤才，为北宋西北边防的稳固和庆阳社会发展作出了重要的贡献。写于当时的《渔家傲·塞下秋来风景异》题材新颖，构思巧妙，佳句迭出，"长烟落日孤城闭""羌管悠悠霜满地""将军白发征夫泪"揭示了将士们在艰难困苦的条件下为国建功立业与思乡念亲的真情实感。范仲淹心忧天下的先忧后乐精神成为中华民族的宝贵财富，知庆州和戍守环庆路也是范仲淹一生最辉煌的业绩。

范仲淹有四子：纯祐、纯仁、纯礼、纯粹。除了范纯礼外，其他三子均有在庆阳从政的经历。从庆历元年五月壬申到宋哲宗元祐六年（1091）二月癸卯（14 日）的 50 年间，范仲淹父子两代三人四知庆州，并且多有建树，他们以无畏的勇气克服困难，保一方平安，深受庆阳百姓的爱戴。

庆历二年三月，18 岁的范纯祐随父戍庆州，参与修筑和保卫大顺城的活动，挫败了夏军，环庆"一路恃之以安"。范纯祐 49 岁去世，最后的 19 年是在病榻上度过的，比其几个弟弟，他的功业相对逊色。而修筑和保卫大顺城，则是他一生最辉煌的一页。

范纯仁、范纯粹在其父范仲淹辞世之后先后知庆州。熙宁七年（1074）十月癸卯（15 日），范纯仁自邢州知庆州。任内缮治城垒、爱护百姓、赈济灾荒、安抚蕃部、平反冤案，很得民心。熙宁十年（1077）八月，范纯仁改知信阳军，这次知庆州两年十个月。元丰八年（1085）四月乙丑（2 日），范纯仁在离任八年之后再知庆州，这次任职时间较短，只有半年。

元丰八年（1085）十一月癸巳（3 日），范纯粹自京东转运使知庆州，替代其兄长范纯仁。范纯粹在庆州任职时间长达6 年，直到元祐六年（1091）二月癸卯（14 日），升任户部侍郎，才离开了庆州。[①]范纯粹在庆州任职时间长达五年零六个月，比其父兄知庆州的时间都要长。他秉承范仲淹的遗风，加强边防、安抚蕃部、关注民生，对庆州的社会稳定作出了重要的贡献。

范仲淹与其两个儿子四知庆州，均有惠民实政，与庆阳结下旷世奇缘，留下千古佳话。

7 明代文坛领袖李梦阳

李梦阳（1473～1530），初名莘，字献吉，号空同子，明代庆阳卫籍。

弘治六年（1493），李梦阳举陕西乡试第一，次年中进士。因连丧父母，在庆阳家中守制。直到弘治十一年（1498），出任

---

① 《庆阳府志》卷十七《台榭》："江汉堂，在府城内，宋太守（引者按：当为知州）范纯粹建，晁补之记，今废。"

户部主事，后迁郎中。弘治十八年（1505）四月，因弹劾"势如翼虎"的张鹤令，被囚于锦衣狱，不久放出，罚俸3个月。出狱后，途遇张鹤令，李梦阳扬马鞭打落其两齿，可见他疾恶如仇的强硬态度。正德元年（1506），因替尚书韩文写弹劾刘瑾的奏章，被谪山西布政司经历，不久又因他事下狱，赖康海说情得释。刘瑾败，复起任原官，迁江西提学副使。后因替朱宸濠写《阳春书院记》而削籍。

李梦阳鉴于当时台阁体诗文存在的弊端，决心倡导复古以救其弊，确有一定的进步作用。他认为"宋人主理不主调，于是唐调亦亡"（《缶音序》）；同时也鄙弃中晚唐诗，认为"至元、白、韩、孟、皮、陆之徒为诗，始连联斗押，累累数千百言不相下，此何异于入市攫金、登场角戏也"（《与徐氏论文书》）。主张古诗学魏晋，近体学盛唐。他的主张影响甚大。《明史·文苑传》说他与何景明"倡导复古，文自西京、诗自中唐而下，一切吐弃。操觚谈艺之士，翕然宗之"。然而，李梦阳过于强调格调、法式，未能很好地从复古中求创新。到了晚年，他始有所悔悟，在《诗集自序》里，承认"真诗乃在民间"，而自己的诗是情寡词工，并非真诗。

李梦阳生活在明代中期，成名于弘治、正德年间。作为庆阳籍的文学家，他在古代有影响的20余名甘肃籍作家中，应当是坐第一把交椅的。在明代文坛，他是"前七子"的首领，而明代"后七子"在文学主张上是追随"前七子"的，因此，在整个明代文坛，李梦阳处于领军人物的地位。在整个中国古代文学史册上，李梦阳也是一个"叫得响的名字"。

和其他庆阳籍的历史名人相比，李梦阳有这样几个特点：

第一，他是通过参加科举考试而成名成家的，李梦阳少年时代聪明颖异，21 岁中举，考出了陕西乡试第一名的好成绩，22 岁便考中了进士，可谓少年得意。

第二，李梦阳的政治生涯曲折艰险，很不顺利。他历任户部主事、员外郎、郎中，最高只做到江西提学副使，43 岁便辞官，居住在开封，过起了名士生活。他一生经历了四起四落、五陷囹圄的宦海沉浮。4 次贬官，5 次入狱，确实是很坎坷了。

第三，李梦阳是个人成就最丰富的庆阳籍名人。一部《空同集》，卷帙浩繁，共有 66 卷，包含了多方面的文学创作成果，《空同集》在明代中后期多次再版，是那个时代的畅销书籍。

8 明代清官赵邦清

赵邦清，字仲一，号乾所，真宁县人，生于明世宗嘉靖三十七年（1558）。明神宗万历二十年壬辰（1592）进士，万历二十一年（1593），任滕县知县。当时滕县官吏贪赃枉法，敲诈勒索，人民饥寒交迫，苦不堪言。赵邦清上任伊始，从整顿县衙入手，除夙弊、清积蠹，对违法犯禁者严加查办。宁王妃之父刘鹤打人致死，依法问斩。赵邦清秉公执法，士绅慑服，大小官员及豪强无不恐惧，不敢以身试法，吏风为之一振。

　　明代税制以丁载粮，豪强地主占有大量土地，却隐瞒不报，贫苦农民往往丁多地少，赋税繁重。民有田不能深治，饥则逃荒。赵邦清决心丈量土地，均平赋税，抑制富豪，恢复农业。他发布丈量土地的告示，严惩阻碍清丈地亩者，共查出隐瞒土地数千顷，重新分等定级，查清户口，核实了赋税。

　　由于连年灾荒，境内饿殍载道，赵邦清在县衙办起粥厂，有五六万人前来就食。他又从邻县筹借粮食，赈济灾民 3 万多人。他还捐出自己历年节余和薪俸购回耕牛、籽种，分给贫民耕种，组织灾民修理农舍，安置流民 7000 户。为了解决粮食不足的问题，赵邦清鼓励垦荒，拿出自己的俸银，收买草根。草根价由 1 个钱 2 斤增至 5 个钱 1 斤。不多时日，垦荒 3000顷，收买的草根在县衙外堆积如山。

　　他重视水利和漕运工程的修建，亲自勘察地形，督工检查，疏通 80 里的漕运工程和十多条灌溉渠道。还招募饥民，开办煤矿，开掘煤井数十眼。曾在县内设立钱庄，兴办商号。又募聘塾师，建立学校，兴教劝学。滕州境内有一条南北大道，破损严重。赵邦清对之进行修整，并刻立官道碑以记之。碑文曰："滕县系九省通衢，而地势洼下，道路偏陷，每遇阴雨，过客几于断行。知县赵邦清于万历二十三年十月内，大加修理。自北界河起，至南沙沟界碑止，共修理过官道壹百叁拾里。"① 清道光二十六年《滕县志·宦绩》载：赵邦清还曾"植树表道，自界河以南数十里柳荫蔽日，左右引泉脉为渠，

---

　　① 　见今滕州市滕国故城碑林内明万历二十三年的官道碑。

艺藕花，行人出其中，香风冉冉"。这是当地方志对道路整修、绿化环境的较早记载。

万历二十五年（1597），明代杰出戏剧家、文学家，临川派首要人物汤显祖路过滕县，目睹赵氏安居陋室、粗茶淡饭、两袖清风、一心为民的作风，写了《过河间题壁留示赵仲一》诗："九河已成陆，卑栖犹问津。道心能似此，沧海已生尘。"热情洋溢地表达了他的敬仰之情。原来凋敝不堪的滕县，经赵邦清5年的治理，已呈现出一派新景象。汤显祖在《赵子〈瞑眩〉录序》中赞叹说，滕县经过赵邦清的苦心经营，"凡得隐田并垦除数千顷，买牛千头，活饥民数万人，归流民数千户。始至仓，见粮三年积粟至十二石。乃课民树桑枣。有贵人子毁其一株，辄收捕，偿树十而舍之。后至数万株。所至桑阴常满，城壕半乃有莲荷香，若南方。亭隧尽斥，垣树表列，宾舍有序，学士诵歌，市贾无饰，男女廉贞。休休于于，河洛之间，葱然一善国也。……赵君可谓善医国者"。

据乾隆《正宁县志》载，赵邦清"由进士任山东滕县尹六年，耗羡①尽数登报上司，为穷民购牛千余只，储谷十余万石，剪除土恶，振兴文教，均平田赋，善政不可胜数，举清廉第一，行取吏部主事，升本部员外郎。清正执法，不受书帕②，都人呼为包孝肃。缘公疾恶如雠，宵小不能堪，卒被奸

---

① 旧时官吏征收赋税，为弥补损耗，于正额钱粮外多收若干，谓之耗羡。到清代以后，田赋一切附加税统称耗羡。
② 明代地方官吏入京，见长官送礼，具一书一帕，故称书帕。万历以后，官场日益腐化，公行贿赂，改用金银珠宝，但仍沿称书帕。

党张凤翔等弹论归。囊橐萧然，躬事耕耨，优游自得……"
天启二年（1622），复起用为四川遵义道监军参议。后参与平
定奢崇明及贵州水西土目安邦彦等叛乱，"以疾卒于军"，朝
议封赠光禄寺卿，县志嘉其为"有守有为者"。顺治府志载：
"邑人德之，建祠立碑，申请从祀。"

9　庆阳举人参与"公车上书"

晚清时期，庆阳虽偏处一隅、风气未开，但也有举人积极
参与了光绪二十一年（1895）春季发生在北京的"公车上
书"。在参加签名的603名全国举人中，就有甘肃举人61名，
约占签名者的1/10，依人数多寡计算，仅次于广西（99人）、
贵州（95人）、广东（86人）、四川（71人），居第五位。其
中，庆阳安化籍举人钱旭东参加了签名，位列第46名。钱旭
东还写了《闻和议失策有感而作》一诗以述其忧愤："闻得华
洋又议和，忧心更比喜心多。喜将骏业安三辅，忧恐蛮夷据九
河。南渡终伤斾未返，北朝岂惧剑横磨。历历前车犹堪鉴，何
不日思锻乃戈？"诗中引宋金和议典故，以说明对日本不能一
味妥协放纵而致误国，反映出他对康有为的"迁都"之议，
并不完全认同，而认为振旅修武，更能强国御侮。

钱旭东，字震初，安化县（今庆城县）驿马人，同治元年
（1862）生于官宦世家，其父钱渭之，字伯熊，号竹溪，廪贡
生，候选同知，钦赐花翎；叔父钱澍之，字季熊，五品军功，
赏戴蓝翎；生母宇氏，死于同治陕甘回变（回民起义）中。钱

旭东弱冠入邑庠，曾肄业于庆阳凤城、平凉柳湖两书院。他聪明颖悟，学业扎实，文名籍甚，尤工诗词。光绪十四年戊子（1888）优贡第一名，光绪二十年甲午（1894）甘肃乡试考举人时，诗题是"黄河落天走东海"，他以得东字五言八韵写道：

> 陡落三千丈，黄河总向东。
>
> 遥连天汉外，直走海中门。
>
> 浩渺重霄接，纵横万里通。
>
> 层涛趋马颓，一气赴蛟宫。
>
> 倒泻警飞雨，奔流挟怒风。
>
> 派来星宿远，力撼泰山雄。
>
> 葱岭云翻白，蓬瀛日射红。
>
> 朝宗当圣世，顺轨庆攸同。

试院拆封得此诗，各房传阅，两主考同声激赏，拔以示观。刊刻后，翕然称诵，名噪金城。有人以清嘉庆癸酉科京兆试中杨少白以《大田多稼事》诗而名噪京城的旧事来比拟，说以考场佳作引起社会轰动现象复见今日。他以"吾闻其语矣，隐居以求其志，行义以达其道""吾闻其语矣，远之则有望，近之则不厌""放勋，日落之、来之、匡之、直之、辅之、翼之，使自得之，又从而振德之，圣人之忧民如此"3题，写的3篇论文都获得两名主考官的赞赏，加点评语多而且好（原文现存甘肃省图书馆），因此荣获此科第19名举人。光绪二十二年（1896），清政府任命钱旭东为平番县（今甘肃永登县）训导。光绪二十四年（1898）赴平番途中因马受惊而车翻人亡，卒年36岁。

"公车上书"之后，甘肃举人还起草了一份《甘肃举人呈请政府废除〈马关条约〉文》，拟送都察院表达自己的意见。在这份呈文上签字的甘肃举人有76人，其中，庆阳府安化籍举人钱旭东、李炳焱参与签名，分别名列第52、54位。由于《马关条约》已被请政府批准，呈文未能呈递。但这一行动，却表达了甘肃士子反对侵略、反对卖国的正义要求。

"公车上书"是维新思潮转变为维新运动的标志。甘肃举人们不顾清廷"士人不得干政"的禁令，积极参加了"公车上书"活动。甘肃举人还单独起草《请废〈马关条约〉呈文》，庆阳举人也积极参与，其行为无疑顺应了时代潮流，体现了西北士子御侮爱国的拳拳之心，成为全国维新运动的一个组成部分。

10　响应辛亥革命的庆阳会党起义

就在陕西宣布独立之时，庆阳的会党已在做起义的准备。据时人胡庭奎《续庆防记略》记载，西安被革命党人占领后，"哥老会之人蒲天鹏、彭四海在西峰镇，邓彦标在黑河，夏槐在曲子，文化昌在东川，夏兰亭在教子川，薛士品在何家畔，皆蠕蠕欲动"。因此，当陕西革命军的一支在石得胜率领下占领了长武时，1911年11月15日（农历九月二十五日），宁州哥老会"管事"彭四海（四川人）、汪兆黎（湖北人）立即在宁县襄乐莲花池聚众起义，"纠集会众数百人破正宁县城"。襄乐起义是甘肃在辛亥革命期间较早且组织程度较高的由会党领导的反清起义之一。①

襄乐起义后，周边地区三水（陕西旬邑）、正宁山河镇等地农民和会党积极响应，使起义队伍不断壮大，发展到三四千人。一些士绅也表示了对起义部队的欢迎和慰劳，如"起义队伍进至早胜镇时，当地绅民陆占彪、窦忠义等做旗九面，率民众郊迎，并筹赠饷银 300 多两"；起义军进入北原南义井时，当地"民众又献军马 10 匹"。起义军到达宁州城时，"知州周凤勋闻义军将临，即派人纳款迎降，并送制钱 300 串助饷。起义军进至宁州，彭四海率众入城接受州印、城钥"。在宁州，起义军还宣传革命，打击豪强，"罚左、王二举人银各 300 两"，声威大震。11 月下旬，彭四海等率军继续北上，11 月 22 日（农历十月二日），在绅士、哥老会员张鉴堂的帮助下，占领了合水县城，与当地哥老会首领郭干成、赵凤明、蒲天鹏、张鉴堂会合，并正式打出了"秦陇复汉军"的旗号，反映出这支起义军具有反清的性质。

占领合水后，起义军欲向府城庆阳进军。当时，甘陕起义风起云涌，会党之间联系密切。彭四海与陕西起事哥老会首领张云山往来，闻陕西义军围乾州甚急，乃于农历十月五日率兵围逼庆阳府城，"屯城南药王洞"，谋劫庆阳军械，声援乾州。

---

① 在庆阳襄乐起义前一周，灵台农民蔡普明发动陕甘边境会党 60 多人在胡家店举行起义。

庆阳府城三面环水，墙高壕深，易守难攻。庆阳知府善昌本为满人，在陕西发动响应武昌首义的西安起义、区内各地出现反清异动之时，谋划招募团丁，以图坚守城池。善昌调用府藏"快枪六十杆"，虽只招得防军53人，"然皆董营百战之余，视贼蔑如也"。11月23日，起义军首领蒲天鹏派人送信劝庆阳知府善昌投降。善昌将信使斩杀于北门外，拒不投降。"旋求救于省城，而省城亦无兵可派"。11月25日（农历十月五日），起义军在蒲天鹏的率领下进军庆阳，双方在府城外发生了战斗。《续庆防记略》记载云：

> 初五日黎明，会匪蒲天鹏率其党数百千人至东河湾，密排如墙。太尊命哨官陈杰、谭世雄、李廷栋率防军五十三人及民团百余，开小南门出击。鸣枪数排，应声立倒，贼急持高粱秆御之，无救死亡。阵斩贼百余，贼由东山遁去，生擒十余人，杀之南门坡。夺得骡、马、驴四五十匹，衣物、枪刀无数。

起义军由于武器装备落后、缺乏作战经验而失败。次日，"彭四海率其党千余人至东山下，密排如月牙势"，再次围攻府城，但未敢强攻，善昌则固守待援，不与义军交战。固原提督张行志接到庆阳告急电报后，派千总张镜堂率军驰援，在来府城的路上借夜色"鸣号"，虚张声势，惊走了准备攻打西峰镇的哥老会首领邓彦标。清军援军到达后，起义军无法攻下府城，只得退据合水等地，从事反清活动。

11 陕甘边区苏维埃南梁政府的建立

土地革命时期，刘志丹、谢子长、习仲勋等共产党人创造性地运用工农武装割据革命理论，在甘肃先后发动和领导了"太白起义""两当起义""靖远起义"等 10 多起武装斗争，以不屈不挠的奋斗精神创建陕甘边革命武装——红二十六军，率领红色武装和革命群众在以甘肃华池南梁为中心的陕甘边地区积极开展武装斗争，进行局部执政的伟大实践。

1934 年 11 月 4 日至 6 日，陕甘革命根据地在南梁荔园堡召开了陕甘边区工农兵第一次代表大会，出席会议的有陕甘边党政军负责人惠子俊、习仲勋、刘志丹、蔡子伟、张秀山、张策、黄子文、杨森等以及工农兵代表 300 多人。大会通过了《政治决议案》《军事决议案》《土地决议案》《财政决议案》《粮食决议案》等，以不记名投票方式选举产生了陕甘边根据地苏维埃政府、革命军事委员会和赤卫军总指挥等机构及其领导人。习仲勋当选为主席，牛永清、贾生秀当选为副主席。政府下设劳动（委员长张钦贤）、土地（委员长李生华）、财政（委员长呼志录）、粮食（委员长杨玉亭）、肃反（委员长郝文明）、工农检查（委员长惠子俊）、文化（委员长蔡子伟）、妇女、放足、禁烟、禁赌 11 个委员会和赤卫军总指挥部（总指挥朱志清）。刘志丹当选为军事委员会主席。

1934 年 11 月 7 日，是俄国十月革命胜利的纪念日，陕甘边区苏维埃政府宣布正式成立，并举行了隆重的阅兵式，红二十六军、游击队、赤卫军及当地群众约 2000 多人接受检阅，检阅台上就座的是新政府的领导人刘志丹、习仲勋和政府各委员会的委员长。大会号召"各地代表要把会议精神迅速传达下去，要进一步发展党的组织，壮大武装力量，广泛发动群众，把武装斗争推向高潮，取得更大胜利"。陕甘边区苏维埃政府的成立，是第二次国内革命战争时期陕甘革命过程中一个历史性的转折点，它使革命委员会临时政权转变为苏维埃政权，陕甘边由不固定的游击区域转变为巩固的根据地，从此，西北革命的新局面开始了。

陕甘边区苏维埃政府旧址

随着陕甘边区苏维埃政府的成立，各县的革命委员会也改为苏维埃政府，根据地的基层也建立了苏维埃政权。1934 年 11 月上旬，中心苏区在南梁何家沟门召开工农兵代表大会，出席代表 100 余人，选举成立了华池县苏维埃政府，贾生秀任主席，下设土地、劳动、财粮、肃反、青年等委员会，辖 4 个区政府、12 个乡政府。同年 11 月中旬，太白苏维埃政府在连家砭成立，直属陕甘边政府，主席潘应乾。1935 年 3 月，合水县革命委员会在太白镇成立，主席为李彦（在肃反中被错杀）。1934 年夏，陕甘边特委派张秀山等人率领庆阳游击队在庆北一带活动，建立了农民联合会、发展党员和建立农村党支部。同年秋，在雷家川召开群众大会，成立了陕甘边革命委员会庆北办事处，先后设立温台、柔远两个区。1934 年 12 月，召开群众大会，选举成立庆北苏维埃政府，强家珍任主席。1934 年 8 月，陕甘边南区党委和南区革命委员会以正宁、旬邑、彬县接壤地区设置新正县，张邦英主持在湫头召开群众代表大会，选举成立了新正县革命委员会，下设财政、粮食、军事、土地、劳动、文教和公安等部，下辖 6 个区革命委员会。年底转变为新正县苏维埃政府，郭廷藩当选为主席。1935 年 11 月下旬，宁县在杨家原召开工农兵代表委员会，选举成立了新宁县苏维埃政府，张有鹏任主席。国民党军队发动第三次围剿后，1935 年 9 月成立了华池战区苏维埃政府，下辖白马、林镇 2 个区政府。

尽管这些苏维埃政权存在的时间都很短，最长的也不过一年，但陕甘边根据地与陕北根据地在不久之后即连成一片，发展成包括陕甘两省 20 余县的陕甘革命根据地，成为土地革命后期全国 13 块根据地中唯一保存下来的完整的根据地，为党中央和红军长征提供了落脚点，成为八路军奔赴抗日前线的出发点，对中国革命的胜利产生了重要影响。

12 马锡五审判方式

陕甘宁边区司法最具典型意义的是"马锡五审判方式"，而它的产生地就是庆阳抗战时期陕甘宁边区的陇东分区。

马锡五（1898～1962），陕西保安（今志丹）县人，1930年参加革命，1942年12月，担任陇东分区专员。次年3月，被边区高等法院任命为陇东分庭庭长。作为法庭庭长，他经常有计划地下乡，深入调查研究，进行巡回审判；作为司法工作者，他始终坚持走群众路线，秉公执法办理一些疑难案件，使违法者难逃法网，无辜者获得释放。他使人民的合法权益得到保障，得到了广大人民的高度赞扬，被陇东老百姓称为"马青天"。

马锡五公断华池县封捧儿（封芝琴）婚姻上诉案①是当时边区最有影响的一个民事案例。该案件的经过是：华池县温台区四乡封家园子居民封彦贵，有女儿名叫捧儿，民国17年（1928）许与张金才次子张柏儿为妻，尚未过门。1942年5月，封彦贵女儿已长大，而当时聘礼又复大增，封氏遂企图赖婚。他一面唆使捧儿以"婚姻自主"为借口要求与张家解除婚约，一面却以法币2400元、硬币84元暗中将捧儿许与城壕川南原张宪芝之子为妻。此事被张金才得悉告发，经华池县府

---

① 关于马锡五审判封捧儿婚姻案，在民间和官方有多种版本，其细节多有出人，故笔者将《解放日报》所刊登的这一案件的详细经过摘录下来，以正本清源。

判决撤销后一次婚约。1943 年 2 月，捧儿赴赵家洼子钟聚宝家吃喜酒，遇到张柏儿，由第三人介绍，虽未当面谈话，捧儿已表示愿与之结婚。但同年 3 月，封彦贵复以法币 8000 元、硬币 20 元、哔叽 4 匹，将捧儿许与庆阳新堡区朱寿昌为妻。张金才得悉后，即纠集张金贵等 20 人携棍棒于 3 月 13 日深夜闯入封彦贵家，封姓惊恐四散，张家遂将捧儿抢回成婚。封彦贵控告到县府，经判决，张金才判刑 6 个月，张柏儿与封捧儿的婚姻无效。当时封、张两家均不同意，附近民众亦感不满。适值马锡五同志赴华池巡视工作，受理此案后，他首先详细询问了当地区乡干部，了解了实际情况；其次又问了附近许多群众，了解了一般舆论趋向；接下来就派平日与封捧儿接近的人去与她谈话，再亲自切实征求她的意见，了解到她是不愿与朱姓结婚的。全部真相既明，马锡五协同华池县上的同志举行群众性的公开审理，将与此案有关的人一并集合起来，审明：封姓屡卖女儿；张姓以张金才为首，张金贵为次，纠众抢亲属实。以后复征询封捧儿对婚事的意见，与前无异。最后征询到场群众对本案的意见，一致认为："封姓屡卖女儿，捣乱政府婚姻法，应受处罚。张家黑夜抢亲，既伤风化，又碍治安，使四邻害怕，以为盗贼临门，也应处罚，否则，以后大家仿效起来，还成什么世界。"群众特别关心的，就是张柏儿、封捧儿两人的婚姻问题，认为一对少年夫妇，没有问题，不能给拆散。至此，一切都弄明白了，于是判决：张柏儿与封捧儿双方同意结婚，按婚姻自主原则，其婚姻准予有效；但不论新式旧式，均应采取合法手续，黑夜纠众实行抢亲，对地方治安及社会秩序妨碍极大，因之科处张金才、张金贵等以徒刑，其他附和者给予严厉批评；封彦贵以女儿为货物，反复出卖，科苦役以示儆戒。群众听到这一判决后，十分高兴，认为入情入理，非常恰当。各当事人听到这一判决后，受罚者也表示自己罪有应得，胜利者（如张柏儿、封捧儿）更是皆大欢喜。尤其重要的是，这一案件用最生动的实例当场教育了群众，教育了工作人员。①

马锡五对封捧儿婚姻上诉案的判决，群众认为判得合情合理又合法，为正确处理婚姻案件树立了典范。不论在新民主主义时期还是新中国成立后，这一案例都具有典型意义。因此，当时边区的《解放日报》、重庆的《新华日报》都作了报道，边区的文艺界也进行了艺术加工，将其搬上了舞台。② 新中国成立后，以这一案例为素材，拍成电影《刘巧儿》，在宣传新婚姻法中起了良好的作用。

马锡五审结合水县土地案是解决边区土地纠纷的一个典型案例。合水县五区六乡王家庄王治宽，其父在世时购买了高姓的土地，计4段5亩，契约上写明"东南北三面俱靠王统一家的地，西面为庄窑"。王治宽企图霸占王统一家的一亩打粮场

① 《马锡五同志的审判方式》，《解放日报》1943年3月13日。
② 《新华日报》以《一件抢婚案——封捧儿口头告状，老百姓大家审案，调解为主的方针》为题作了报道，成为解放区司法工作和婚姻自由的典型。陕北民间艺人韩起祥，将该故事编成陕北说书《刘巧儿团员》。袁静又以此为题材编写了《刘巧告状》的剧本。新中国成立后，首都实验评剧团将《刘巧告状》改编为评剧《刘巧儿》，并拍摄成电影，产生了较大的社会影响。

今日"刘巧儿"

地地基，遂故意歪曲方向，把南面说成西面，因此发生土地纠纷，当时区乡干部及四邻群众出面调解，认为王治宽无理。王治宽不服，告到合水县府，县司法处只凭呈状所说，未往实地调查，遂将场地判归王治宽所有。王统一不服，上诉到边区高等法院陇东分庭，双方辩论，各有各的说法，马锡五根据案情，派推事赴实地调查。推事根据马锡五办案的方法，"协同县、区、乡许多干部及约据上所写有关房亲与证明人，四邻居住的老年人等共二十余人（出卖人已经不在），一面展开约据，对照方向仔细丈量段数亩数，同时征询老年人及四邻意见，一点一滴加以研究"。经过大量调查和走访，事情真相浮出水面后，"王治宽理屈词穷，遂出面承认自己的占地错误，自请处分，于是群众都哈哈大笑起来"。经过马锡五的调解，王治宽承认了错误，土地仍归王统一，而且"双方互请吃了饭，王治宽并给王统一装了烟（农民敬人土俗），取和了事"①。

马锡五侦破曲子县杀人案是处理边区刑事案件的一个典型案例。1943 年，曲子县天子区发生了一起图财害命案，县司法处根据被害人孙某临死前与被告苏云发同行，而且苏氏兄弟家的炕上、地下、斧头上都有血迹，便认定孙某系苏氏兄弟三人所杀，以谋财害命罪将苏家三兄弟逮捕关押长达一年，因被告不服，上诉到边区高等法院陇东分庭。时值秋季，马锡五到专署农场劳动，人手不够，就将在押犯人带来劳动，苏氏三兄弟乘机向马锡五喊冤。马锡五对此案十分重视，他调阅了该案案卷，觉得疑点不少。于是，他派干部化装成百姓到天子区深入群众进行调查，自己也到天子区一面帮助收秋，一面调查了解，找证人核实材料。根据调查和化验否定了苏氏三兄弟是凶手的判定：（1）苏氏虽同孙某同行，但不久分路，而且都有证人；（2）杀人现场离苏家有 20 里之遥，以时间计算苏氏不可能移尸到现场；（3）化验证明苏家炕上的血是产妇所流，地上的血是苏家人流的鼻血，斧头上的血是砍羊头时沾上的血迹。马锡五继续深入群众调查了解，发现流窜这一带的木匠杜老五有杀人嫌疑，遂将杜木匠隔离审查。经审问，杜供出埋衣物的地点。又经对埋衣物之地踏勘，发现几只乌鸦在一棵树上叫个不停。马锡五立刻叫人在树下周围刨寻，果然挖出了孙某

① 《马锡五同志的审判方式》，《解放日报》1943 年 3 月 13 日。

的头颅和木工的斧头。拖了一年的无头尸案终于真相大白。马锡五在天子区召开群众大会，将苏氏兄弟无罪释放，而杀人犯杜老五得到了应有的惩罚。

1943年12月，边区高等法院副院长谢觉哉向毛主席汇报了马锡五的办案经验，得到了毛主席的首肯。1944年1月6日，边区政府主席林伯渠在做政府工作总结报告时，号召"诉讼手续必须力求简单轻便，提倡马锡五同志的审判方式，以便教育群众，判决书必须力求通俗简明，废除司法八股"。3月13日的《解放日报》正式提出了"马锡五审判方式"，在解放区大力推广。"马锡五审判方式"有什么特点？根据马锡五所判的一些案子，概括起来主要有以下几点：一是贯彻党的群众路线，深入实际，深入群众，开展调查研究工作；二是在审判中不轻信口供，不简单机械地执法，在坚持法律原则的前提下，对一般民事纠纷案件进行调解，把判决和民事调解结合起来；三是审判方式采用"座谈式"，而不是"坐堂式"，诉讼手续简便易行，方便群众。

"马锡五审判方式"从1943年起基本形成，到1944年开始在陕甘宁边区和全国各个解放区广泛推行，这标志着新民主主义诉讼制度的确立。结束了在中国长达几千年的"纠问式"的诉讼制度，从而使解放区的司法工作进入了一个新的阶段，为解放区的法制建设树立了一面旗帜，在中国法制建设史上书写了光辉的一页。

四　地方文化

庆阳历史悠久，文化积淀深厚。轩辕黄帝与庆阳人岐伯在这里谈医论药，创建中医药理论体系的同时，奠定了岐黄文化的基础；周朝的先祖在这里"务耕种，行地宜""教民稼穑"，在发展古代农业的同时，开创了农耕文明的先河；历史的长河留在这块大地上的苍茫印记，形成了独特的民俗文化；革命战争的血雨腥风，又锻造出了光彩熠熠的红色文化。"红色南梁""岐黄故里""周祖圣地""民俗庆阳"是庆阳四大特色文化品牌。

在国家大力繁荣发展社会主义文化的大背景下，甘肃省做出了建设华夏文明传承创新区的决定，庆阳市也在努力朝着文化大市的目标迈进。时代的变迁、社会的进步，为古老的庆阳文化焕发青春活力提供了良好的机遇。在中共庆阳市委、市政府的高度重视下，庆阳的历史文化研究、文化事业建设、文化产业开发出现了前所未有的大好局面。庆阳文化人感时知遇，以极大的热情投入到历史文化的挖掘、整理、研究之中。近几年，围绕四大特色文化举办了多次全国性、行业性、区域性的论坛及研讨活动，产生了一批重要的理论成果；连续举办了多届"香包民俗文化节""农耕文化节"等节会活动，在国内外产生了较大的影响；支持成立了四大特色文化研究的社会团体，研究工作日趋活跃。通过这些活动搭建的平台，吸引了大批全国优秀的专家学者来到庆阳，考察、讲学、交流，壮大了庆阳文化发展的人才队伍，使庆阳文化研究的成果日益丰富，层次逐步提升，在全国的知名度越来越高，影响力越来越大。现在，在中国文化的版图上，庆阳有着显著的位置。

庆阳四大特色文化的理论研究已经取得了丰硕的成果，关于其渊源、传承、发展可以参见相关论著，其丰富的内容基本都体现在民间民俗活动之中。因此本章主要介绍庆阳的民俗民间文化。

甘肃风俗文化最深厚的地方在陇东，而陇东民俗最厚重的地方是庆阳。庆阳是一块民俗的沃土，更是民俗文化的宝库。大凡进入民俗学家视野的民俗事象，在庆阳都具有鲜明的地方特色和独立的文化个性。如源自周祖农耕文化、带有明显的先秦儒家礼仪文化色彩的庆阳婚嫁丧葬礼俗文化；源自天下黄土第一原、陇东大粮仓这一得天独厚的自然条件所形成的庆阳饮食文化；源自陇东黄土高原的地理生态环境所形成的、具有天人合一特点的庆阳窑洞民居文化；源自历史悠久的旱作农业所形成的以祈雨、祭虫、出行、燎疳占岁、节气农谚为特色的庆阳农耕民俗文化；源自安土重迁、古老封闭、泛神崇拜的乡土村落环境而形成的庆阳禁忌民俗文化；以庆阳方言俗语、谚语、歇后语、民歌、民间故事、环县道情、南梁说唱为代表的庆阳语言民俗文化；依托岁时节令、婚丧寿庆、民间娱乐得以传承至今的要活、刺绣、剪纸、面塑、唢呐、皮影等庆阳民俗民间艺术等。2006 年、2008 年分两批公布的进入国家级非物质文化遗产代表作名录的项目就有 5 项，即"庆阳香包绣制""环县道情皮影戏""唢呐艺术""庆阳剪纸""窑洞营造技艺"。庆阳市先后被文化部、中国民俗学会、国际亚细亚民俗学会命名为"中国民间艺术之乡""周祖农耕文化之乡""香包刺绣之乡""民间剪纸之乡""窑洞民居之乡""徒手秧歌之乡""道情皮影之乡""荷花舞之乡"。2004 年，庆阳市被中央电视台评为"最具艺术气质的西部名城"。

交通闭塞的黄土沟壑，古老封闭的窑洞村落，农牧间作的生产方式，聚族而居的社会结构，多民族融合、多宗教共存的文化生存环境，奠定了庆阳民俗文化赖以生成和传承的独特的文化空间。这种丰富而悠久、封闭而独立成长的民俗文化历史，经过数千年的文化积淀，形成了庆阳民俗文化传承的历史传统和鲜明的文化个性。

庆阳的民俗文化，在物质生产民俗、社会民俗、精神信仰民俗、语言民俗多个方面所呈现的丰富的民俗事象，都体现了古代先民在漫长的历史发展过程中群体传承的具有鲜明地域特征的生活方式、行为准则和心理意识，保存着远古人类文明曙光初露时期的古老而神秘的文化记忆。虽历经沧桑，仍然具有顽强的生命力和独特的文化魅力。庆阳民俗文化因其传承历史的久远、民俗文化载体的丰富多样、对社会生活的广泛渗透、对生产生活的实质性服务、对民俗信仰的心理协调、对民众审美及娱乐需求的多样化满足，使得庆阳的民俗文化在当代社会生活中仍能稳定地传承并获得新生。

1 窑洞民居

庆阳为典型的黄土高原沟壑区，是世界上黄土层最厚的地区，特殊复杂的地貌，决定了黄土窑洞成为传承数千年的传统民居。在庆阳的川原梁峁遍布着一个个聚族而居的窑洞村落。民国以前农户的住宅几乎都是窑洞，至 20 世纪 80 年代，窑洞民居仍然占绝大多数。穴居之俗，起自远古。庆阳窑洞确切的起始年代，据文献记载，可追溯到夏末商初周先祖不窋居豳之时，距今 3700 年左右。《诗经·大雅·绵》载："陶复陶穴，未有家室。"（"陶"古与"窑"通。郑玄笺："复者，复于土上，凿地曰穴，皆如陶然。"）《绵》为《诗经》中的六篇周代史诗之一，"陶复陶穴，未有家室"记述周太王古公亶父南迁岐山前的民居状况。而先周自不窋于夏帝孔甲失政之时迁居北豳（今庆阳），历鞠陶、公刘三代，皆在北豳，自公刘南迁南豳，庆节立国至古公亶父时，已历十一代人，"陶复陶穴以为居"早已相沿成俗了。窑洞民居之所以如此普遍、传承如此久远、如此受到庆阳百姓的喜爱，主要在于其结构简单、随地就势、挖掘方便、造价低廉、冬暖夏凉、经久耐用。农户之家，既要考虑住人，又要安排猪羊牲口、各类家畜，放置粮食、柴草，打井、碾米、磨面等，于是窑洞就成了首选。不受地势限制（沟、坡、洼等皆可，不一定地平），根据家庭人口、家业大小以及功能的需要，开挖的窑洞正面为三、五、七、九只均可，主窑居中，左为灶窑（俗称"家"）、右为客窑，两边为侧窑，其他的如牛窑、磨窑、碾窑、粮食窑、井窑、柴窑等根据需要布局、增减。如此多的生活功能需求，都可以通过经济实用、随处可挖的窑洞轻松解决，既满足了生活需要，又不构成经济负担。这就是庆阳的窑洞民居在传统的农业社会历数千年而不衰的主要原因。明人陈凤的《自灵武回驻北地》诗云："行人道上尘蒙面，村妇窑前布裹头。"由此可以想见明代窑洞民居的情形。清代庆阳的最后一位进士惠登甲专门写诗夸赞家乡的窑洞："远来君子到此庄，休笑土窑无厦房。虽然不是神仙洞，可爱冬暖夏天凉。"此诗在庆阳一带流传甚广。窑洞在过去，不单做民居，学校、客店、驿站、商店、仓库、兵营、作坊、庙宇等也多在窑洞里。朴素厚实的窑洞，汇集了太多的社会生活内容，承载了无数代人的生息繁衍、喜怒哀乐，记录了历史的沧桑云烟，也沉淀下了厚重的窑洞文化。

窑洞虽传承数千年，但其修造的形制并无大的改变。崖面子一般高两丈至三丈，多用镢头刮为水波浪、一镢倒、菱形等花纹，山区也有不处理崖面的。傍崖取单数挖窑，门窗根据窑的位置、功能、大小有一门三窗、一门二窗、一门一窗之别，窑的间距多为一至二丈。窑的构造有窑肩子、窑顶、窑膀子、窑掌、窑口等。而窑的命名则除前文所述的功能外，还可根据位置的不同，叫崖窑、高窑、拐窑、地窑子等。窑的大小则视

窑洞民居

崖面的高低和功用的需要来决定，有大至转过牛车、摆开宴席的，也有一人多高的窑洞，如作厕所用的厕窑或打井的井窑、供行人避雨的路窑等。挖窑洞俗称"打窑""镟窑""倒窑"，有专门的窑匠，根据土质、土纹、立面等放线掘进，外高内低，稍有不慎，就会有塌方，匠人的经验和眼功很重要，操作起来有一定的技术含量，不是人人皆可为的。华池县除土窑洞外，还有石头或砖箍的窑洞。窑洞民居的缺点，主要是采光、通风差（均为单向），防震性能低。

庆阳人把修建住宅（挖窑洞或盖房）叫"修庄子"或"收拾地方"，是庄稼人一生甚至关乎几代人的大事，庄基的选择尤为重要，有许多讲究，要看风水、地脉，趋吉避凶，开门、安灶、打井、水口等都有禁忌。就常识而论，一般需要满足背风（避西北风）、向阳（俗语："有钱难买面朝南"）、利水（免水患）、通路（利出入）、近水（多在原边、川区）、近地（农作方便省力）、近亲（宗族聚居）、近村（忌独户）、僻静（求隐蔽、安全）、择邻（与德行好者为邻）等条件。庆阳人在庄基选择上的这些要求，体现了对自然环境（风向、水路、采光、日照等）、生产生活（农作、取水、安全等）、社会交往（宗亲、邻居）诸方面的综合考虑，蕴含了"天人合一"的哲学理念，体现了一种大智慧。

窑洞民居的形制主要有明庄、地坑庄、半明半暗庄、箩圈庄、架板庄、高院庄六大类。按功能、构造分主要有主窑、厨窑、牲口窑、连肩子窑、粮食窑、柴窑、磨窑、碾窑、井窑、崖窑、高窑、箍窑、拐窑、套窑、炕窑、车窑、路窑、地窨子、崖窑堡子、官窑等。

2 香包刺绣

香包俗名荷包、耍活子、绌绌，是庆阳人过端午节时戴在孩子身上用以驱虫辟邪的绣制民俗工艺品。因形状如包，且里面填充雄黄、艾叶末、藿香、苍术、冰片等中药材，可辟秽除潮驱虫，香气袭人，故名香包。庆阳人过端午节有三事必做，孩子戴耍活、门上插艾叶、包粽子（庆阳旧名"角黍"）。所以香包是活在端午民俗里的民间工艺品。香包也是女性的艺术，庆阳民歌云："八岁学针线，十岁进绣房，进入绣房绣鸳鸯，百样故事都绣上。"这个唱词说明了针工女红在庆阳女性生活中的重要、传承习尚的久远、绣品内容的丰富。作为庆阳民间工艺美术的代表之一的香包，现在已经不单指端午节的绌绌，而是指以香包为代表的一切绣制品，既可以是填充香料的实体造型，也可以是平面化的刺绣。香包已经从最初的保健、驱邪的孩子的"耍活"扩展、渗透到百姓生活日用的各个角落，成为集保健养生、祈福驱邪、日常实用、美化生活等诸多功能于一体的综合性的民间工艺美术品。其不竭的艺术生命力来自社会民俗的融入、民俗心理的满足、生活日用的服务。

庆阳香包的历史非常悠久。《诗经·豳风·七月》作为我国见诸文献的最早的农业史诗，它所反映的正是周先祖不窋、鞠陶、公刘三代居北豳（今庆阳）时的历史面貌，时间当在距今 3700 年前后。其第三章曰："七月流火，八月萑苇。蚕月条桑，取彼斧斨，以伐远扬，猗彼女桑。七月鸣鵙，八月载绩。载玄载黄，我朱孔阳，为公子裳。"月令（蚕月、八月）、操作工序（采桑、养蚕、纺绩）、染色（黑、黄、红），记述得十分详细，这也是中国蚕桑业和丝绸加工见诸文献的最早记载。庆阳有幸成为中国蚕桑业和丝绸染织的发源地之一。至今流行在庆阳民间的许多香包的造型、图案、寓意大多能在庆阳的出土文物中找到源头，这不能不让人感叹这种活在民俗里的民间艺术所承载的历史之久远、文化信息之丰富，为探索华夏文明起源时期以及后来的不同历史阶段中国人的精神生活提供了可贵的实物参照。2001 年华池县双塔寺 2 号石像塔（建于金大定十年，1170）体内发现的近千年的香包珍品，被称为"千岁香包"，更为庆阳的香包绣制和古老的端午节俗提供了弥足珍贵的历史凭据。

香包

庆阳香包的种类包括端午节俗香包，婚嫁寿庆、生日满月等社会民俗类香包，生活日用、美化装饰类香包。在种类、功用、工艺、民俗寓意、文化心理诸方面形成了一个相对独立的民间艺术体系，更形成了一个丰富多样的、平面立体兼具的造型体系。不仅成为庆阳民俗文化的一个形象载体，更成为庆阳区域文化的一个重要组成部分。

端午节俗类香包均由含有特定的祛邪避恶的民俗寓意的动物、植物、人物构成，以"五毒"为主要特色。社会民俗类香包主要用于生日、满月、婚嫁、寿庆等民俗活动，以表达平安、富贵、多子、和美、长寿等民俗寓意。生活日用类香包主要包括各类童装和生活日用杂品，有儿童虎头帽、童鞋、童马甲、肚兜、贴补百家衣、童枕，成人的各类绣制布鞋、拖鞋、鞋垫、手包、披肩、云领子、盖头、针扎、桌裙、门帘等。美化装饰类香包主要有造型各异的平面壁挂或立体挂件。

香包作为集体传承的原始的寄托民俗文化心理的民俗工艺

品，其话语表达的主要艺术特征在于象征、隐喻、谐音、含蓄。满足趋福求吉、辟邪驱瘟的心理需求，则佩戴"五毒"、十二生肖、虎头鞋帽等；表达男女爱情、夫妻和美，需要含蓄，用"鱼钻莲""鱼戏莲""鼠咬天开""蝶恋花""孔雀戏牡丹""鸳鸯戏莲"等暗喻阴阳交合、鱼水情深；在传统的农业社会，表达"多子多福"的期盼，用"百子图""麒麟送子""蝶闹金瓜""石榴""葫芦"来隐喻、象征；表达长寿延年，有"八仙""猫蝶""松鹤""麻姑""寿桃""寿星"等来象征寓意。庆阳的香包以其丰富多彩的类型在民俗文化意蕴的象征性表达上，通过具体的"替代物"（动物、植物、人物及民俗事象）的象征、语音上的谐音会意象征、香包纹样符号的抽象化象征，共同构成了民俗文化心理和民俗信仰话语表达的丰富生动且又内蕴深邃的象征体系。

　　香包实体的民俗心理象征表达主要通过联想、比喻以及特定的民俗事象所赋予的特定含义来完成。双鱼、龙凤、双蝶象征男女欢爱；石榴、葫芦、金瓜、葡萄喻义多子；并蒂莲、鸳鸯、双飞燕喻义夫妻恩爱；桃、龟、松、鹤喻义长寿。语音上的谐音会意象征是通过民间语言中的谐声、假借进行民俗寓意的传递、转换、渗透、扩张来完成的，在庆阳民俗中有悠久的传统，如庆阳人过去过春节时门上贴的年画并不是秦琼、尉迟敬德，而是"门贴画鸡"（见乾隆年赵本植编《庆阳府志》卷十二"风俗"），即谐音"吉门""一门大吉"。庆阳香包中，如枣、花生、桂圆、莲子的图案组合，其谐音表达的是"早生贵子"的民俗心理（庆阳婚俗中"铺床"用枣、花生、核

桃，其谐音寓意相同；南方婚俗中用柚子，谐音"有子"，意
同）；芙蓉、桂花、万年青组合谐音"富贵万年"；喜鹊登梅
谐音"喜上眉梢"；鹿、鹤、花朵组合谐音"六合同春"；蝙
蝠、铜钱的图案谐音"福在眼前"；鲇鱼、莲花组合谐音"连
年有余"；猴子、印章谐音"封侯挂印"；猫、蝴蝶和牡丹谐
音取意"耄耋富贵"；瓜类、蝴蝶谐音"瓜瓞绵绵"；盖碗、
荷花、如意勾的组合谐音"和合如意"；柿子、花瓶的组合谐
音"事事平安"等。图案、纹样符号的抽象化象征在庆阳香
包里是通过含有特定民俗寓意的固化的观念"替代物"来完
成的。只要出现这些符号，就在表达与之相关的确定的民俗寓
意。如"卐"符号，民间俗称"万字不断头"，本出佛门，为
吉祥之意，而"万字不断头"则象征绵绵不绝、永远吉祥。
其他如"双喜""九连环""如意头""寿字符"等，均有

香包

"和合""如意""长寿"等特定民俗寓意。

历史悠久、工艺复杂、具有丰富多样的造型体系和内蕴深邃的象征体系的庆阳香包，在民俗文化心理和民俗信仰诸方面蕴含着深厚的文化内涵，在上千年依托乡土民俗的原生态的本真的传承中，保留了大量的历史文化记忆和人类远古的文化信息。从香包自然形成的功能类别来看，祈福迎祥（多子、长寿）、驱邪镇恶（图腾、阴阳）是两个主要方面，香包的图案造型所反映的驱邪镇恶的民俗心理包含了远古的图腾崇拜和阴阳观念，而香包蕴含的先民的生殖崇拜则体现了多子多福寿的民俗文化心理。

3　道情皮影

庆阳民间称皮影戏为"牛皮娃娃""牛皮灯影子"，是用三至五根灯芯的清油灯把牛皮雕刻的背景场面、人物动物用三根竹签挑起（俗名"挑线"），做出坐、卧、跳、走、踢、打、翻、转等动作，投影到白纱布"亮子"（帐幕）上以做戏的民间小剧种。环县道情皮影戏是庆阳民间地方小戏的代表剧种。作为"陇剧"的根，环县道情皮影已经被联合国教科文组织列为世界级非物质文化遗产保护项目。

庆阳的皮影戏演出历史悠久。见之于文献的最早记载为清乾隆二十六年（1761），合水知县、长沙人陶奕曾编的《合水县志·风俗》"祈报"条："每岁二月二日城南药王庙会，远乡士女毕集……五月十三关庙会。凡会必演剧，卖茶酒……其村中自为祈祷者，多用影戏。"庆阳的皮影戏以流行于环县、华池一带的道情皮影最具特色。北部山区的皮影戏在长期的演变过程中广泛吸纳了各种艺术营养，环县由于道教的兴盛，源于古代道教音乐的"道情"（道教歌曲、说唱）在民间广为流传，当地民间皮影戏艺人创造性地将激越悠扬的道情曲调"嫁接"到传统的以秦腔为主的皮影戏演唱中，吸收了道情音乐的渔鼓、简板等乐器，并借鉴、学习陕北道情、庆阳民歌小曲、民间器乐、民间说书以及毗邻的宁夏、内蒙古等地的各种民间表演艺术，产生了"环县道情皮影"这一民间戏曲艺术的奇葩。清代末年，环县洪德人、道情皮影艺术大师解长春对道情皮影的唱腔、音乐、表演、剧目等进行了一系列的改革、发展和完善，使这一古老的皮影剧种在艺术上全面走向成熟。由于他毕生从艺，四方授徒，广立班社，影响波及宁夏、内蒙古、陕北一带，形成了稳定的皮影艺人群体、鲜明的道情演唱特色、内容丰富的道情剧目体系，最终促成了道情皮影这一民间戏曲艺术在民国时期的繁荣和鼎盛。

道情皮影的班社由前台、司鼓、二手、四弦、三吹、二胡六人组成。演唱分"伤音"和"花音"两种声腔体系，"慢板""飞板""散板"三种板式，以板腔为主而兼少量曲牌，其板腔与西北平常习见的秦腔板路有很大的区别，清唱与伴奏相间，加上句尾极具抒情意味的荡气回肠的"嘛簧"，其唱腔总体给人的艺术感受是高亢激越、圆润悠扬、节奏明快自然、旋律婉转优美，是典型的原生态的乡土艺术。

演出的主要道具是皮影。皮影的制作工艺极其考究，先后经过八道工序，即选料、制皮、过稿落样、雕刻、着色、封色、出水、装订加杆，一件绚丽华美、神情毕肖的皮影才算完成。皮影主要包括人物、动物、场景三大类，以人物为主。人物有现实人物、神怪人物，均由"头梢"（由各种冠、帽、盔、巾、翎子和脸谱构成的影人的头部）和"桩桩"（由不同的服饰、图案和颜色构成的影人的身子）组成，头梢和桩桩在表演时可以组合。造型独特怪异、内容丰富的神怪皮影是庆阳皮影中最有特色的一个部分，神怪皮影的大量存在，是缘于"道情"的教化劝善、因果报应所构想的天地三界、神佛鬼怪的奇幻故事的需要，有道教神系人物、佛教神系人物、《西游记》人物、神话故事人物。神怪皮影承载着大量的神话传说和道教的因果劝善故事，其本身就是一个光怪陆离的艺术世界。

道情皮影

环县道情皮影戏有内容丰富、特色独具的道情剧目体系，形成了鲜明的艺术个性。据《环县道情皮影志》的统计，不重复的剧目现有180余本。这些剧目有大本戏、折子戏、神戏、小戏的区分，其内容有专门祈福、驱邪、报赛、酬神的神戏和神话故事戏；反映忠奸斗争、忠孝伦理、爱情婚姻的社会伦理戏；诙谐幽默的讽刺喜剧。道情戏的本源是道教说唱，所以道教的文化因子在道情皮影戏里表现得十分突出。现世的忠奸善恶与道教的因果报应，加上山区封闭的自然环境所形成的泛神崇拜的原始信仰，在道情皮影剧目里形成了历史的忠奸善恶、宗教的三界果报、现实的社会伦理、神魔的虚幻荒诞相互交织的戏曲艺术世界。

道情皮影戏，一个班社五六人即可，组成简单，表演场地简易（俗称"一驴驮""满窑吼"），收费低廉，在庙会娱神、过关、还愿、婚嫁、丧葬、寿庆等民俗活动中几乎必不可少，因而在山大沟深、居处分散的北部山区，拥有广泛的群众基础，深得民众喜爱。道情皮影在生活环境严酷、文化环境封闭的北部山区承担了完成民俗礼仪、满足民俗文化心理的服务功能，体现了源自道教说唱的文化因子的劝善说教功能，也承担了单调贫乏的山区农村文化娱乐的功能。如此众多的社会功能，使道情皮影戏成为扎根乡土、活在民俗里的民间艺术，具有了顽强的艺术生命力。

4 民间剪纸

剪纸是庆阳民间妇女农闲时的消遣、民俗活动（婚嫁、祭祀、过节、祈福、禳灾、送病）的工具或载体，是窑洞家居生活的点缀，是女性的艺术，然而却在不经意间传承、创造了一个古老神秘、鲜活独特的乡土艺术世界。遍布庆阳山后、前原的民间剪纸艺人和渗透在民俗里无处不在的剪纸已经明确地告诉了我们这种民间艺术的源头活水。这些用剪刀或刻刀在纸上剪、刻出的花草鸟兽、山水人物、神话传说、历史故事、现实生活场景，寄托了祈福迎祥的生活热望、体现了驱邪除恶的民俗心理、蕴藏了远古的原始信仰、沉淀了往昔的文化记忆。剪纸用最简单的工具（剪、纸）在封闭的乡土社会营造了一个复杂神秘、光怪陆离的艺术空间，反映了朴实的劳动妇女的才情和艺术天赋，体现了庆阳民俗文化的厚重积淀。

庆阳剪纸基本可分为山后和前原两大流派。山后派主要分布在环县、华池，镇原北部山区，宁县、合水、正宁东部山区。其剪纸造型古老质朴、原始粗犷、夸张大胆、装饰自由、天真率性，原始文化遗存丰富，保留了大量远古的图腾崇拜和生殖崇拜的文化符号，代表作品有"神鱼瓶""人头鱼""娃娃鱼""人头虎""抓髻娃娃""虎头鱼墩""鹿头""双猫卧盘""蝴蝶扑莲瓶""鹭鸶绕莲""蛇盘兔""四季花瓶""蛇龙变化""莲里生子""送病娃娃""燎疳娃娃""莲盘娃娃""喜花""喜娃""鸟云子"等。前原派主要分布在镇原的临泾原、太平原、屯字原、平泉原，正宁的宫河原，宁县的早胜原，合水吉岘原和西峰的董志原等原区。其剪纸造型讲究工整对称、线条细腻秀丽、流畅逼真，构图堂皇大气，以反映民间传说、戏曲故事、民俗事象、花鸟装饰及现实生活内容居多，代表作品有"生命树""抓髻娃娃""壶天生子""羽人升天""娃娃坐莲""兔子吃白菜""鸳鸯戏莲""猪年生命树""人鱼娃娃""二龙戏珠""狮子滚绣球""虎王""狮子""龙鸟""蛇鸟共身""人头龙""扫天婆""独女栽棒槌""金鸡除五毒""吉祥虎娃""燎疳娃娃""母亲的心愿""祖国妈妈好""农耕生活""四季花瓶""五福捧寿""团花蝴蝶""雄鸡迎春""莲生贵子""十二生肖""生命之花""老鼠啃葡萄""娃娃折佛手""蛇盘兔""二十四孝""杨香打虎""麒麟送子""绵绵瓜瓞"等。总体而言，就题材内容的丰富多样和构图线条的细腻秀丽而论，则山后不如前原；就文化意蕴的原始厚重和艺术表现的大胆自由而论，则前原不如山后。而最能代

剪纸

表庆阳剪纸独特鲜明的艺术个性的当是山后派。

由于相对封闭的独立的民间艺术成长历程，以家庭为传承单元的剪纸艺术经过长期的一代代人的艺术实践，积累了丰富的剪纸技巧、表现手法。剪法上有阳剪、阴剪、阴阳剪、折叠剪、对称剪、随意剪等；设色上有单色、套色、染色、剪绘和烟熏等；花纹上则有梅花纹、圆点纹、云勾纹、菱形纹、锯齿纹、田禾纹、月牙纹等。可贵的是，民间艺人讲究技巧手法，但是却不拘泥于技巧手法，多是随心所欲的大写意，在古拙质朴中透露出真率浪漫的艺术气韵。庆阳民间剪纸，以风格粗犷、造型夸张、线条简括、内蕴神秘、古意盎然给人们留下了深刻的印象。

在庆阳的窑洞民居里，经常可以见到窗花、门花、炕窑花、顶棚花、吊帘花、箱柜花、粮囤花、纸缸花、灯笼花等，这是民间最常见的实用装饰剪纸；在庆阳的岁时节日、婚嫁、丧葬、寿庆等社会民俗活动中，经常可以见到洞房的喜花、礼品上的礼花、陪嫁的压箱花，祝寿时寿礼上的寿花，祭祀时的供罩花，这是社会民俗剪纸；在招魂、驱鬼、燎疳、送病、禳灾、镇宅、祈雨、除旱等源于泛神崇拜的原始信仰而产生的类同巫术的被除不祥的民俗活动中，经常有"招魂娃娃""送病娃娃""抓钱娃娃""燎疳娃娃""驱邪娃娃""扫天娃娃""独女栽棒槌"等剪纸，这类剪纸在民俗心理中被赋予了驱邪、回天的神力，承载了原始的巫术民俗，充满了神秘的蛮荒气息，类同神怪皮影，可以单列为巫术民俗剪纸。庆阳剪纸中也有反映社会新生活内容的新剪纸，体现了一种新气象和艺术追求，如"母亲的心愿""祖国妈妈好""计划生育好""红军过陇东""农家乐""赶集"等。

庆阳民间剪纸与香包绣制是庆阳民间艺术的一对姊妹花，同样构成了以隐喻和含蓄为主要特点的艺术象征体系。双鱼、龙凤、双蝶象征男女欢爱；石榴、葫芦、金瓜、葡萄喻义多子；并蒂莲、鸳鸯、双飞燕喻意义夫妻恩爱；桃、龟、松、鹤喻义长寿。这些在剪纸和香包里频繁出现的动植物图案，其民俗寓意也是完全相通的。两种民间艺术皆出自女性之手，彼此借鉴、互相发明，共同创造了一个虽然载体不同但精神意蕴息息相通的艺术世界。

庆阳剪纸也保存了大量的远古的文化信息，完整地反映了氏族社会时期的图腾崇拜、半人半兽崇拜、祖先崇拜、生殖崇拜的历史过程，为探讨远古人类社会的精神生活提供了环节完整的成系统的民间艺术参照。

值得特别指出的是，和香包的流于祈福驱邪的民俗文化的心理层面不同，巫术民俗剪纸在招魂、驱鬼、燎疳、送病、禳灾、镇宅、祈雨、除旱等反映原始信仰的民间巫术活动中成为实质性的道具，被赋予驱邪、镇恶，甚至回天的神力。这类剪纸记录、保存了原始古老的巫术民俗，成为庆阳民俗剪纸中最具地方特色的一个大类。

古老的民间剪纸艺术依托民俗活动，在家庭血缘的传承中生生不息，渗透到了社会生活的各个角落，成为民间乡土社会精神生活不可或缺的一部分。

5 庆阳唢呐

唢呐旧名"鼓吹"，庆阳乡俗称唢呐艺人为"吹手"。唢呐是庆阳民间音乐的代表，是庆阳几乎所有民俗活动中使用最广泛的乐器，举凡婚嫁、丧葬、寿庆、满月、社火、庙会等，都有唢呐班社的演奏，在时而轻松欢快、时而舒缓苍凉的乐曲声中，人们体会到的是古拙质朴、粗犷奔放的审美情怀和人生的悲喜哀乐。庆阳唢呐是一种扎根乡土、活在民俗里的民间艺术，所有的民俗礼仪（婚丧寿庆）都是伴随着唢呐演奏完成的，唢呐也规范、制约着一些民俗礼仪的仪规。礼不离乐，乐不离礼，从而达到一种完美的结合。正是依托这些社会民俗礼仪活动，庆阳唢呐才能代代相承，生生不息，并且在民俗礼仪活动中因演奏场合的不同而形成了丰富的演奏风格和复杂的曲牌体系，也孕育生成了庆阳唢呐的文化个性。从这个角度讲，也可以把庆阳唢呐称为"庆阳民俗唢呐"。

庆阳有鼓吹乐的历史传统，史载"黄帝命岐伯作镯铙、鼓角、灵鼙、神钲，以扬德而建武"。军乐鼓吹为北地（庆阳）人岐伯所创，这是见诸史籍的关于鼓吹乐发明人的较早的记录。而考古发现的两件新石器时代庆阳的乐器陶铃（西峰区董志镇寺沟出土）、亚腰陶鼓（宁县瓦斜乡阳洼出土）对于这一记载给予了印证，也是庆阳乃至全国关于音乐发源的最早的考古实物凭证之一。庆阳的音乐文化积淀深厚，晋武帝曾令庆阳人傅玄"制鼓吹曲二十二篇以代魏曲"（《晋书·乐志》）。庆阳的石窟、佛寺留存的南北朝时期关于音乐演奏场面的石刻造像，演奏的乐器种类达到了十多种，有羯鼓、横笛、笙、琵琶、碰铃、编磬、鞞鼓、竖箜篌、三弦琴、筝、笒篥、拍板、杖鼓等，生动地反映了那个历史年代的音乐文化。

唢呐在庆阳落地生根，至迟到明末清初就已经成为民间鼓吹乐的主要乐器。明、清直到民国时期庆阳地方志关于民间婚嫁、丧葬礼俗与鼓吹乐的记载与今天在庆阳民间流行的礼乐习俗并无二致，反映了庆阳唢呐音乐流传之久远，以及与民俗活动紧密结合的艺术传统，也揭示了庆阳唢呐艺术生生不息的顽强的艺术生命力的源头活水之所在。

庆阳市的唢呐演奏基本有三个大类：以西峰、庆城为中心的各区县的木杆唢呐，音色嘹亮纯净、细腻委婉，演奏技艺丰富，指法、换气连贯顺畅，风格华丽而兼质朴，曲牌蕴藏量大，是庆阳唢呐艺术的代表；华池县的大杆唢呐，低音舒缓深沉、高音奔放爽朗，表现力强，演奏技巧上明显受到陕北唢呐的影响；镇原县的铜杆唢呐，音色清新，有金属效果，但曲牌量少。

庆阳唢呐艺术的主要特色表现在曲牌丰富、与红白喜事等民俗活动紧密结合、曲牌演奏分工明确、演奏风格因"事"而异几个方面。

庆阳唢呐曲牌，内容丰富、传承悠久、意蕴深厚、自成体系、风格独具。20 世纪 80 年代普查采录的达 1200 余首，入编《庆阳地区民间器乐曲集成》的有 496 首。按其源流演变，可

庆阳唢呐

分作传统曲牌、民歌衍生、戏曲通用三类；按民俗应用功能，可分作通用曲牌、红事专用曲牌、白事专用曲牌三个大类。传统曲牌是历史上民间唢呐艺人代代相传承的、流传最广泛的曲牌，如《小开门》《担水》《大摆队》《地里兔》《柳青》《状元游街》《跌落》《鬼推磨》《闹五更》《寄生草》《粉红莲》《银扭丝》《终南山》《山坡羊》《秋季生》《朝天子》《青天歌》等。民歌衍生的曲牌一般变化不大，基本按照庆阳民歌演唱的曲调吹奏，如《冻冰》《卖饺子》《走宁夏》《哭五更》《女望娘》《珍珠倒卷帘》等。庆阳唢呐曲牌中的一部分是与秦腔曲牌通用的，经常演奏的30多首唢呐曲牌与陕西等地流行的同名唢呐曲牌有很大的不同，如《小开门》《大摆队》《元令号》《朝天子》《水龙玉》《四板头》等，多是名同而调异，反映了庆阳唢呐音乐的独立性，其音乐方言是自成体系的。

庆阳唢呐凡演奏必不离红白喜事，也成为其特色之一。在不同的民俗礼仪活动中，演奏者或坐或立或行，曲牌的选择遇喜庆则欢快，遇吊祭则哀伤，所用曲牌的风格因"事"而异，曲牌自然地因功能、场合不同而区分为通用曲牌、红事专用曲牌、白事专用曲牌三大类。这些曲牌的吹奏有严格的"红""白"限制，成为唢呐艺人的行规，否则会犯忌。通用曲牌如《小开门》《担水》《宫调》《楚调》《辞朝》《山坡羊》《剪剪花》《银扭丝》等，特点是量大，"红""白"不受限制，大概占总曲目的70%左右。红事曲牌专用于喜庆场面，如男婚多用《地里兔》《道春》《闹五更》《粉红莲》《状元游街》，女嫁多用《绣荷包》《大桃红》《小桃红》《剪剪花》《女望娘》《担水》等。演奏风格或活泼欢快、热烈奔放，或委婉柔和、诙谐幽默，给人以"乐"的美感愉悦。白事专用曲牌是民间的哀乐，风格悲哀凄婉、苍凉辽远，节奏平稳缓慢，以烘托悲痛肃穆的祭奠场面，给人以"哀"的心理感受，主要曲牌有《抱灵牌》《哭长城》《大祭灵》《柳青》《雁落沙滩》等。白事曲牌的运用一般配合相关的民俗礼仪，有较严格的限制，如"家祭"用《抱灵牌》《祭灵》《吊孝》《雁落沙滩》，"朝奠""行午馔"用《担水》《柳青》，"游花室"用《银扭丝》《剪剪花》《冻冰》，"点主"用《大摆队》《坐宫》等。

庞大的演奏群体、丰富的曲牌体系、鲜明的民俗个性、独立的音乐方言，使得庆阳唢呐在2006年与香包绣制、道情皮影一起进入国家级非物质文化遗产代表作名录，成为庆阳具有代表性的民间艺术，走向了全国大舞台。

6 民歌民谣

庆阳民歌以其丰富的内容反映了漫长历史岁月里普通民众的物质和精神文化生活，记录了他们的喜怒哀乐，沉淀了丰富的文化记忆和多元的文化心理。庆阳民歌以其庞大的数量（1200多首）、丰富的主题、真率的情感、生动多样的艺术手法、特色鲜明的乡土语言表达、独立的音乐方言体系，成为与陕北民歌双峰并峙的黄土地民歌的双璧。

庆阳是一个有民歌传统的文化沃土。庆阳民歌的历史要追溯到记载周先祖开发北豳的《诗经·豳风·七月》《诗经·大雅·公刘》等远古歌谣。这些民歌的起兴、铺陈、对比、夸饰、排比、回环等艺术手法千年流传，尤其以月令为序排比农事、物候、染织、田猎、祭祀的民间叙事方法至今还是庆阳民歌最有特色的主要的艺术手法之一，它甚至深刻影响了后来中国民歌的艺术表达。历史上庆阳的民歌总是与时更新，层出不穷。19世纪末到20世纪初，中国社会处于激烈的变革之中，鸦片、匪患、军阀混战、1920年的海原大地震、1929年的大饥荒，天灾人祸不断，百姓处于水深火热之中。生活的苦难、对好日子的向往，都在民歌里得以尽情的宣泄，这时候产生了大量的反映民生苦难的民歌，如《种洋烟》《十八年遭年馑》《哥老会造反》《围县城》等，流传至今。到20世纪30年代，"千里的雷声万里的闪，上来些红军闹共产"，庆阳成为革命区，庆阳的民歌也揭开了灿烂的一页，伴随着群众革命热情的高涨，数以千计的红色歌谣在民间流传、红极一时。随着新秧歌运动的兴起，出现了孙万福、汪庭有、刘志仁等一批优秀的民间歌手，也出现了唱遍神州、至今流行的庆阳民歌的代表作品，如《咱们的领袖毛泽东》、《十绣金匾》（《绣金匾》)、《边区十唱》（《军民大生产》）等。传统民歌的曲调被赋予新的思想内容（如《军民大生产》就是用庆阳传统民歌《推炒面》的曲调填词，《绣金匾》是用传统民歌《绣荷包》的曲调填词），古老的民歌在新的时代环境下焕发出了艺术的青春。新中国成立以后，在社会生活的不同时期，都出现了反映群众心声的新民歌，如"四季调"的《十唱太阳满天红》、"九莲花调"的《农忙十二月》、"道情调"的《唱起道情颂恩人》、"信天游"的《剪窗花》等，体现了民歌的艺术传统在新的历史环境下的新发展。

庆阳民歌按照内容可以分为劳动歌、时政歌、仪礼歌、情歌、生活歌、红色歌谣六个大类。庆阳民歌中反映社会生活的，有历史、传说、世态人情、现实生活中的不公平等，反映家庭生活的主要集中在旧社会的封建礼教及宗法观念给广大劳动妇女带来的灾难和伤害。情歌是庆阳民歌中最主要的部分，也是传统民歌的精华。有相当数量的表现青年男女互相爱慕之情的民歌，比兴丰富、情思婉转、感情真率、曲调优美。土地革命以后产生的新情歌，不再是单纯的个人爱慕之情的表白，而是把个人的爱情同整个革命事业联系起来。庆阳作为革命老区，是中国较早推广婚姻自主的地区之一，著名的争取婚姻自由的刘巧儿就在庆阳。所以，庆阳的新情歌存有量比较大，很有特色，如《送丈夫当兵》《三哥哥吃了八路军粮》《隔沟眺见你白脸脸》《慢慢寻他个漂亮汉》《自由婚姻好》等。

庆阳民歌中的情歌，在艺术手法上的运用极为丰富，而比较突出的有起兴、比喻、双关、夸张、重叠等。起兴，如"天上的云彩风吹乱，咱二人的婚姻人搅散""石榴开花叶叶青，妹妹在窑里织手巾""三十三棵荞麦九十九道棱，今天你成了人家的人"。比喻，如"线杆鼻子端上端，糯米银牙尖对尖""一棵白菜一条根，穷死穷活一条心"。双关，如"送哥送到清水河，一对对鸭子水上漂。公鸭子前头嘎嘎叫，母鸭子后头叫咯咯"。"咯咯"只是表面，姑娘心中的"哥哥"才是要表达的真正意思。这种手法使真挚、热烈的感情含蓄地表现出来，引起人们无限的联想。夸张，如"大青山高来卧老山低，一十三省挑下的你""三天没见哥哥的面，拿起针来穿不上线"。重叠的表现手法，把相同或相近的词语接二连三地使用，给人一唱三叹、回肠荡气之感。有些情歌情思委婉，设喻巧妙，细节生动，如《摘黄瓜》："小奴家在后院摘黄瓜，冤家在墙外撩瓦渣，打掉了公花不要紧，打掉了母花不结瓜，奴爹娘看见了骂。"让人联想到《诗经·郑风》里的《将仲子》："将仲子兮，无逾我里，无折我树杞。岂敢爱之？畏我父母。仲可怀也，父母之言，亦可畏也。"民歌的艺术魅力千年一脉，也让我们真切地感受到了庆阳文化底蕴之深厚。庆阳民歌在表现手法上，大量地运用十二月令以铺排叙事或抒情（正月里……二月里……），或受此影响而用从"一"到"十"的数字来铺排叙事或抒情（一唱……二唱……，或一绣……二

绣……，或一更……二更……，或初一……初二……），完整
地继承了《诗经·豳风·七月》的以月令统农事的艺术手法，
成为庆阳民歌的主要艺术特色之一。例如《珍珠倒卷帘》《十
劝郎》《八绣》《十炷香》《十月怀胎》《十对花》《九重阳》
《绣荷包》《闹元宵》《冻冰》等。

红色歌谣是反映陕甘边区和陕甘宁边区时期庆阳人民的革
命斗争历程和革命热情的革命歌谣，是庆阳民歌中最有特色的
一部分。作为陕甘宁边区的陇东分区，如火如荼的革命形势，
加上庆阳民歌的历史传统，为陇东红色歌谣的诞生创造了历史
条件。庆阳人民边创作、边传唱，为扩大革命宣传、支援火热
的革命斗争以及繁荣陇东革命根据地的革命文艺，发挥了突出
的作用。新秧歌运动使得庆阳的民歌在陕甘宁边区引起了很大
的反响，边区文艺界著名人士马可、李焕之、张寒晖、丁玲、
李季等都曾深入庆阳民间，进行过采风活动。周扬、贺敬之、
艾青等著名诗人对陇东红色民歌的发展作出了重要贡献。有些
红色民歌脍炙人口，传唱不衰，如《共产党来了跟上走》《跟
上咱们的刘志丹》《红军到庆阳》《咱们的领袖毛泽东》《翻
身谣》《一心要当八路军》《边区糜谷赛金黄》《十二月曲》
《织手巾》《五月莲》《新调兵》等。这些流淌着滚烫的革命热
情、豪迈的战斗精神和朴素的百姓情怀的革命民歌至今仍然能
让我们感受到它的温度和魅力。

庆阳民歌用丰富的内容和艺术表现记录了庆阳百姓丰富的
情感世界和精神生活，在庆阳民间艺术中展现了自身的独特价
值和艺术魅力。

五　人文景观

　　庆阳，物华天宝，人杰地灵。独特的地形地貌、丰富的物产资源，给人类生存创造了优越的自然环境和条件，早在20万年前后就有人类在这一带繁衍生息。我国出土的第一块旧石器就出自华池县赵家岔洞洞沟，随后发现的大批新石器遗址，更进一步证明了远在7000～5000年前人类就在这一带从事渔猎和原始耕作，庆阳是中国农耕文化的发祥地之一。在历史的长河中，从姜家湾先民打破了蒲河两岸的沉寂，到现代革命时期英烈把红旗插上南梁山岗，无数的庆阳精英为开拓时代文明呕心沥血，鞠躬尽瘁，付出了艰苦卓绝的努力，创造了光辉灿烂的业绩，留下了绚丽多彩的遗迹，给庆阳大地增添了美丽神奇的自然和人文景观。

　　截至目前，已查明庆阳境内有不可移动文物点共3490处。其中，古遗址2246处、古墓葬615处、古建筑179处、石窟寺及石刻106处、近现代重要史迹及代表性建筑311处、其他文物点33处。

1 古遗址

姜家湾遗址

姜家湾位于镇原县太平镇南原行政村，地处蒲河西岸"宋家峁"阶地，西距镇政府 13 公里。这里出土的各种打制石器共 39 件，主要形器有石核、石片、砍砸器、刮削器，另外还有尖状器等，与石器共存的古脊椎动物化石有：犀牛类牙齿、蒙古野马、真马、扁角鹿以及鹿亚科和牛亚科的化石。这些化石都是萨拉乌苏动物群的主要成员，但某些成员的性质与丁村动物群更为接近，属旧石器时代中期偏晚。姜家湾遗址与寺沟口遗址都是庆阳最早的人类生存的佐证。

赵家岔遗址

赵家岔位于华池县上李原乡银坪柳树湾河东岸，西北距乡政府10 公里。这里有一个山洪冲刷而成的山洞，故名"洞洞沟"。很早以前当地群众就在此挖掘"龙骨"。

1920 年，法国天主教神甫桑志华在庆阳县三十里铺及柳树湾传教，发现洞洞沟有人挖龙骨，于是依仗特权将其占为己有，雇用劳工进行发掘，获得了不少化石标本，发现了三块打制石器（一件石核、两件石片）。按发掘地层分析，专家认为这个点属旧石器时代晚期。

出土的三件石器，现分别收藏于中国科学院古脊椎动物与古人类研究所和天津自然博物馆内，是我国出土的第一块旧石器时代文化遗物，具有很高的学术价值，它揭开了我国旧石器时代工具研究的序幕，彻底推翻了"中国没有旧石器时代"和"中国文化西来说"的谬论。

中国出土的第一块旧石器

南佐遗址

南佐遗址是在 1964 年被发现的，它在董志原中部西侧原畔，属西峰区后官寨乡南佐王嘴村，北距乡政府 5 公里，东北距西峰城区 7 公里。遗址分布面积广，东自王嘴沟，西到小河沟，长 350 米；南到南沟，北到村便道，宽 250 米。文化层厚 1～1.5 米，最厚处达 4 米。住户李培文的塌窑壁上出现有两个大窑穴剖面，高达 7 米，底径 4 米，壁有火烧硬面，内充灰烬、草泥结块和花土。住宅的白灰面有五层重叠，显然是人们在此长期居住，反复维修所致。

南佐遗址

地表散布的陶片全为新石器时代仰韶文化遗物，主要有彩陶钵、盆，泥质红陶钵、盆，罐类器和尖底瓶；夹砂红陶有绳纹、附加堆纹缸、罐等。另外有少量泥质灰陶盆、罐。

1984～1996 年，甘肃省文物考古研究所、北京大学考古研究院分别或合作先后对遗址进行了五次发掘，揭露面积 1300 平方米。在遗址的北部发现了一处大型夯筑祭祀性殿堂建筑遗址，编号为 F_1。F_1 南北长 33.5 米，东西宽 18.8 米，室内面积为 630 平方米。平面呈长方形，为前堂后室结构。墙体为纯黄土平板夯筑，墙体外侧有排列整齐的柱洞。建筑基址东、西、北三面有夯筑的木骨墙，高达 2.6～2.8 米。南面无墙为敞开式。房址中央有东西隔墙，将房分为两部分。在墙体上开有 3 个宽 1.6 米的门道连通前后。后室近隔墙处有直径达 3.2 米的大灶。墙上抹草拌泥，经过烧烤，墙面坚硬，内充灰烬。房址地面为白灰面。房外三面墙基下有散水台，台外有排水沟，沟台均经过烧烤。墙外堆积较杂乱，有大量红烧土块及动物的骨骼和炭化粮食等。在 F_1 周围还分布着若干小房址，出土了一些陶器和石斧、石刀、纺轮、骨针。

南佐遗址属新石器时代仰韶文化遗存，是甘肃又一处高等级的中心遗址，为全国重点文物保护单位，它对研究新石器时期仰韶文化的社会形态具有重要的历史价值。同时发现的大量炭化粮食是我国古代农业考古的重要材料，它对研究农业起源和农作物的种植与分布交流等，以及古代建筑业的研究，也具有十分重要的意义。

近期，国家文物局已批准立项，正在组织专家论证保护规划，有望开展进一步的考古发掘。

常家山遗址

常家山位于茹河南岸一级阶地上，隶属镇原县城关镇常山村，与县城隔河相望。遗址地处常山村慢坡山地上。1979 年，中国社会科学院考古研究所泾渭工作队进行了发掘，发现的遗迹遗物有：房子 8 座，窖穴 16 处，墓葬 2 座；生产工具石制最多，陶制次之，骨制最少，种类有磨石、斧、凿、刀、镞、弹丸、纺轮、锥和骨刀柄等；生活用具主要是陶制器皿，其他只有骨匕。炊器有深腹罐、短颈罐、单耳罐、双耳罐、鬲、盉、甑等；饮食器有侈口罐、单耳小罐、单耳大罐、双耳大罐、斜耳罐、盆、盘、碗、无耳杯、单耳杯、豆等，还有陶瓮贮器。经测定，其年代为公元前 2930 （±）180 年，以此命名为"常山下层文化"，以示与齐家文化的区别。

战国秦长城

公元前 306 年，秦昭王灭义渠，筑长城以拒胡。长城在庆阳境内全长约 180 公里，其中镇原段长 41 公里、环县段长 108 公里、华池段长 31 公里。其路线是：西从宁夏回族自治区彭阳县孟原乡向东北延伸进入庆阳镇原县武沟乡孟庄刘家堡村，经白草坬、城墙梁，由三岔乡的周家庄进入环县演武乡吴家原。沿黑泉河堡子进入合道乡赵台村，过黑风晴天梁入虎洞乡，经西川河上游右岸坡地到环县城北的城子岗，与县城隔河相望；再由县城东北入樊家川到长城原、刘家湾入华池县境。由曹咀子崾岘经乔川河到箱子湾，达元城乡的营盘梁、营崾岘东入陕西省吴起县的梨树湾。虽经岁月沧桑，秦长城却依旧雄伟壮美，好似巨龙蜿蜒匍匐。城墙残迹、夯土层十分明显，现有遗迹可考的城障数十处，多数保存尚好，烽火墩百余处，均遗存有相当丰富的秦汉砖瓦残片。可见长城自身防御能力和情报传递系统及给养供给系统都是十分完备的。据考，北魏、隋、金、明，都对秦长城进行过加固维修，在军事上曾起过重

秦长城烽火台

要的作用。

战国秦长城已被国务院确定为全国重点文物保护单位，列入"十二五"规划，将进行专业维修保护。

秦直道

秦直道是秦始皇统一全国后，动员上百万军民修筑的一条通往塞北的道路。秦直道南起云阳（陕西省淳化县北梁武帝村），北抵九原（内蒙古包头市西南），全长约800公里。《史记·秦本纪》载："直道始建于始皇三十五年（前212），至始皇三十七年（前210）"，"除道，到九原抵云阳，堑山堙谷，直通之"。《大清一统志》载："子午岭，直南直北，随地异名，岭上有秦古道。秦始皇自云阳沿自道向九原行兵运粮，当时名曰：'圣人条'。"

秦直道在子午岭（分水岭）的山脊上，沿自然山梁而就，面宽5米左右，从南向北经正宁、宁县、合水、华池4县，境内全长约290公里。尽管年代久远，时移境迁，直道或被自然剥蚀，或被丛林覆盖，或成杂草丛生之地，但其路面遗迹仍可辨认，磅礴之势仍可窥出。直道从陕西省旬邑县进入正宁县的刘家店、黑马湾后，沿陕甘两省分界线达调令关，再北经石窟、高庄、车皮湾、艾蒿店到烧锅梁进入宁县境内的五里墩；经芦邑庄、吊庄、鲁堡、南桂花园、北桂花园、兴隆关、兔崾岘、七里店进入合水县境内的午亭子；经土桥、槐树园、马莲崾岘、朱家老湾、娘母子湾、油房庄、洞水坡岭到青龙山、麻子崾岘进入华池县境内；经大细庄、墩梁、老爷岭、新庄畔、羊沟畔、黄蒿地畔、梁崾岘、墩儿山、五里湾、丁崾岘达陕西吴起与华池交界的梨树湾，又转向西北沿两省分界线的秦长城内侧修筑，经营崾岘、营盘梁、南湾、箱子湾到陕西定边县的马崾岘，出长城入定边县境内。

秦朝修筑的"高速公路"——秦直道

秦直道沿线和附近的重要关隘有：调令关、艾蒿店、芦邑庄、兴隆关、午亭子等。附近的城寨有固城、项口城、营盘梁城、铁角城，烽墩百余座。子午岭主峰以梁为主，有许多山峁，两侧群峰起伏，重峦叠翠，像一片绿色的汪洋大海，景观十分秀丽。正如《庆阳府志》收录的"子午道中"一诗描写的：

> 白日云霄上，青春子午中。
>
> 鸟声山若应，涧道石桥通。
>
> 野声僧迎客，山花盖覆红。
>
> 电雷东北作，风雨四方同。

直道是秦始皇时代的重大工程，具有特别重要的军事意义，之后的各朝各代亦发挥过重要的作用，在庆阳市境内长达近300公里，无疑对陇东一带的政治、军事、经济、文化诸方面有着很大的影响，有待进一步发掘和研究。

二将城遗址

二将城位于华池县山庄乡境内，地处葫芦河上游二将川南崖的山梁上，铁匠沟和阴洼沟汇于山梁之前。古城址沿山形走向而就，近似长方形，土筑的城垣残高5米左右，夯土层一般为15～25厘米。此遗址地势险要，实为古代军事之要塞。

《庆阳府志》载："第二将城，在府东北一百二十里，周七里高一丈五尺，宋时筑，相传为第二将驻师处。"据史书记载，宋仁宗明道元年（1032），党项首领李元昊建立大夏政权，都兴庆（银川），他们屡次南下侵宋，使宋北部延庆人民累遭抢掠、战乱之苦。宋康定元年（1040），宋廷命范仲淹、韩琦前往抵御，封韩琦为陕西安抚招讨使，范仲淹副之。次年，范仲淹为环庆路经略安抚招讨使兼知庆州。当时，范仲淹提出"以和好为权宜、以战守为实事"的战略方针，但未得到朝廷的同意，特别是韩琦急功近利，主张速战速决。于是在康定二年（1041），韩琦派任福等率兵与夏军会于好水川（平凉西北），夏军诱其深入，任福等将士万余人中伏，殁于六盘山下。

范仲淹在环庆建立城寨近20处，训练军队，招集党项、汉族流亡之民营田安居，使"羌汉之民，和踵归业"，对巩

固边防和促进民族大团结都起了很好的作用。庆历三年
（1043），大夏首领元昊派使求和。庆历四年（1044），宋夏
双方议和，夏向宋称臣。范、韩二将军，特别是范仲淹，为
保卫和开发祖国西北边疆及促进民族团结作出了杰出的贡
献。当地人民为纪念两位民族英雄，故把葫芦河上游（华
池县境内）称作"二将川"，把第二将城叫做"二将城"。
近年来，华池县筹资在县城山上修建了"范公祠"，供人们
游览参观。

范公祠

2　古墓葬

轩辕黄帝冢

轩辕黄帝冢在今正宁县五顷原乡，即《括地志》所载的
"黄帝陵在宁州罗川县东八十里子午山"。

　　高约40～60米的轩辕黄帝冢，呈椭圆形。冢南为一西高东低的故道，冢西、北、东三面临谷，现行S303公路绕冢而过。冢顶为一长覆斗形隆起平地，南北长70米，东西宽30米。《正宁县志》载，"黄帝冢在县东南湫头镇东北西头村之桥山，当谷一峰耸起，草木葱蔚，上有荒冢，旁立一碑，镌字曰'黄帝葬衣冠处'"，即指此。

　　《史记·五帝本纪》曰："黄帝崩，葬桥山。"南北朝刘宋裴骃的《史记集解》引《皇览》曰："黄帝冢在上郡桥山。"唐司马贞的《史记索隐》引《前汉书·地理志》云："桥山在上郡阳周县，山有黄帝冢也。"唐张守节的《史记正义》引《括地志》云："黄帝陵在宁州罗川县东八十里子午山。"《明史·地理志》亦云："桥山，即子午岭。"《读史方舆纪要》卷五十七载："桥山，亦曰子午山，亦曰子午岭，宁州东百里即子午山之别阜，岭北即真宁，汉书志所云，桥

黄帝冢

山在阳周南也。"又云:"真宁县,宁州东百里,西北至府城(庆阳府城)二百里,汉上郡阳周地;隋改为罗川县,属宁州;唐天宝初,获玉真人像于此,因改为真宁。"《正宁县志》云:"清乾隆初,因避世宋胤祯讳,更名正宁县。"对轩辕黄帝陵在桥山南、秦直道西侧、宁州罗川县东80里子午山,即今正宁县五顷原,许多史书和文献资料都有记载。

不窋墓(周祖陵)

不窋墓在今庆城县城东3里东山之巅。东山故称盖帽山。山朝西北角,有一东西向长方覆斗形墓冢,即周先祖不窋的坟冢。

周人先祖不窋在庆阳的活动记载,始见于《国语》《诗经》,后《史记·周本纪》作了详述,并排了世系。"不窋末年,夏后氏政衰,去稷不务,不窋以失其官而奔戎狄之间。"《括地志》云:不窋古城在庆州弘化县南3里,即不窋在戎狄所居之城也。宋有"不窋墓在庆阳府城城东三里"的记载。《元和郡县志》云:"不窋墓在顺化县东三里。"《大明一统志》亦云:"不窋墓碑文剥落,上有片石,大书'周祖不窋氏墓'。"《庆阳府志》《庆阳金石记》载:明嘉靖十九年(1540)御史周南、庆阳知府何岩,曾重修墓貌、殿宇,并立碑于墓前。清守道王天鉴有诗刻石。清道光二十九年(1849),庆阳知府步际桐、庆阳营参将察隆阿亦在城东3里山巅不窋墓前立碑,大书:"周祖不窋之墓",此碑及文尚存。庆城县北关,人呼为皇城。周都陕时,三年大祭,一年小祭,非亲临即派公卿致祭,来往于周祔行宫,因以皇城名。明弘治年间，在庆阳城内建有"周旧邦"木坊，现在犹存，为国家级保护单位。清安化知县苏履吉《庆阳怀古》一诗中的"莫道旧邦今已故，城东不窑有遗碑"，也为例证。

近年来，庆城县投巨资在山上修建了许多仿古建筑群，建周祖陵森林公园，为国家 AAAA 级旅游景点。

周祖陵

傅介子墓

墓地在庆城县城关镇西原村。这里原有很大的墓冢，后被夷平，如详查尚可辨出陵园之规模。据史书记载：傅介子，汉北地郡义渠（今宁县）人，官拜仪阳侯，死后葬于庆阳城西原七里。墓前立有石人、石马、石虎等石刻，明正德年间吏部郎中都穆还立有石碑一通。

《汉书》载：汉武帝欲通西域诸国，但亲近匈奴的楼兰国当其道，且"攻劫汉使"。武帝曾派遣从票侯赵破奴击之，俘楼兰王，楼兰归汉。但楼兰在匈奴的威迫下又"数遮杀汉使"。汉昭帝始元四年（前83），大将军霍光派遣平乐监傅介子去楼兰刺其王，以示惩处。傅介子率轻骑勇士，携带重金，扬言赏赐外国，至楼兰，与其王共饮，醉，介子诈称重赐其王，诱之入屏内，随从二将士从身后刺死楼兰王，楼兰姬妃侍从皆惊退。介子告谕："王负汉罪，天子遣我诛之，当更立王弟尉屠耆在汉者。汉兵方至，毋敢动，自令灭国矣！"于是立尉屠耆为楼兰王，更其国名为鄯善，汉派兵屯田于楼兰伊循城，置都尉。

傅介子因除去西域通路上的障碍，北遏匈奴有功，被封仪阳侯。清末庆阳名士张精义曾写有《谒傅介子墓》一诗，赞其曰：

> 从来文弱武称强，投笔从戎振国光。
> 朝阁未劳兵百万，两行西域侯义阳。
> 荒烟蔓草延山岗，人往风微万古香。
> 残碑惟存剥落字，姓名遐迩谁能忘。

3　古建筑

政平凝寿寺塔

政平，在泾河北岸，隶属宁县，唐代时在此设过定平县，明代设政平驿，清为镇，古城至今犹存。神韵悠悠的"政平八景"是："碑上豪光世上奇，泾莲清波卧神龟，二龙戏珠石岩下，丹凤朝阳马西水，唐塔屹立接云霄，清洌圣池永不溢，鹤鸣泾水升平世，种子桥梁搭小溪。"泾河北岸的堡子峰，若泊泾水之巨舟，峰上建有"张氏书房"，前庭后院，古香古色，房屋构件上的木雕工艺精湛，方圆罕见。此地现公布为甘肃省历史文化名村。

古塔坐落在政平古城东侧小河沟东岸台地上，通体砖结构，平面呈正方形，楼阁式，高5层19米，底径长2.11米、宽2米。第一层正南开门，檐部每面两朵斗拱，一斗三升，上承叠涩出檐七层，檐上方橼铺以瓦垄。第二、三层施平座，栏杆。内辟四方形塔宝。此塔造型近似西安大雁塔。文物专家认为："政平这座塔造型较美，工程技术质量很高，是一项新的资料。"这是甘肃境内保存最好的一座唐塔，现为全国重点文物保护单位。

凝寿寺塔

环县宋代砖塔

古塔坐落在县古城北侧环江东岸的台地上，砖结构，平面呈八角形，每面宽3.13米，楼阁式，高五层，有塔刹，通高22米。塔身第一层很高，门向南偏东15°，单传券顶，各层塔橡出双杪华拱，上承替木，叠涩出檐，檐上施平座，栏杆，人可通行。各层塔身间隔一面设真门或刻版门和直棂窗，分层变换方向。内辟八角形塔室。掘刹铸文载："此塔系元世祖忽必烈中统五年仲秋上旬有五日"（即南宋理宗景定五年八月十五日）修造。这是庆阳市境内保存最完整的一座雄伟华丽的宋塔，属全国重点文物保护单位。近年来，环县筹资依此修建了公园和文化广场，是县城人们游览、休闲的场所。

双塔寺宋代石造像塔

双塔寺，因有两座石质造像塔而得名。原位于子午岭林区深处的豹子川中部，后因被盗追缴回立于华池县东南山公园之中，并修建了仿古寺院。

造像塔，通体以红砂岩石料打制凿磨镶砌而成，体形瘤瘦，结构严谨，工艺精湛，是庆阳市境内众多古塔中的精华。

一号塔，平面呈八角形，11层，通高12米。第一层为八面体，每面宽40厘米，第二层以上为十面体，越向上越收小，顶有石制刹柱，刹座上置覆钵、相轮、宝珠。各层有檐，檐上有反叠涩两层，形成坡度，各层塔身置于圆形仰莲盆中，塔身各层各面满布大小不等的浮雕佛像，排列密集，十分壮观。据统计，仅第一层就雕有佛像400多身，全塔共有浮雕佛像3500余身。造像内容，多为佛说法图和供养人。第一层塔身每间

造像塔

隔一面雕以金刚菩萨为主尊的说法图，其余各面整齐地排列出6层小佛像。第二层塔身的一面浮雕佛涅槃像，四周布满佛门弟子，有的跪地，有的痛哭，以各种神态表现对佛的虔诚。第三层以上均以佛说法图为主尊，佛周围布满5厘米高的弟子。

二号塔，建造方法与一号塔相同，平面呈八角形，11层，通高11米，底座四方形。第一层塔身每面宽45厘米，八角形塔身分层置于圆形仰莲盆中。方形底座四周各浮雕一佛二菩萨（或一佛二弟子），第一、二、三层塔身各面各浮雕说法图，佛周围布满弟子；第四层只在一面开舟形浅龛，龛内雕一佛二弟子（阿南和迦叶）。第五层以上无雕像。据统计，此塔共雕佛像600余身，其头部多残毁。

这两座塔属宋金时期所建，造型秀丽，工程质量极高，通体雕凿造像，工艺十分精湛，是极其珍贵的艺术佳作。考古工作者在原址清理出不少文物及标本，主要有：汉、夏、藏经文卷，宋碗、石造佛像头等，其中"千岁香包"就出土于此。

兴隆山古庙宇群

兴隆山，俗称东老爷山，位于环县东北四合原东。北与宁夏盐池县相望，东与陕西定边县毗邻，民间曾有"鸡叫听三省"之说。山上计有大小庙宇、楼阁数十座（孔）。这些庙宇始建于明代。清康熙、道光年间曾进行过两次复修和扩建，光绪年间再次修葺。庙宇群共分三组散布于山群之上。北峰为玉皇庙，南峰为马王、牛王、城隍、土地庙，主峰兴隆山。从主峰第一阶沿坡而上，穿过灵官洞（洞顶有灵官楼）即第二阶。第二阶中为黑虎庙和灵官庙，左为关帝庙、药王洞，右为三官虫王庙。从第二阶拾级而上，即兴隆山之顶峰。正中为祖始庙，旁有佛庙、观音菩萨庙、百子阁、韦陀庙、钟鼓楼。顶峰四周林木丛生，楼阁庙宇隐于其中。庙宇、楼阁大部为砖木结构，飞檐翘首，雕梁画栋，古朴美观。庙内有泥塑上百尊、壁画近千幅，造型生动优美。老一辈无产阶级革命家叶剑英率领的长征红军途经环县，曾于此山庙宇宿营。每逢庙会，毗邻省县商民、游客和善男信女，络绎不绝，云集于此。兴隆山古庙宇群为全国重点文物保护单位，重点旅游景点之一。

兴隆山古庙宇群

罗川赵氏石坊

罗川位于四郎河北岸，东北距正宁县城30公里。清代及以前这里是真宁、正宁县址。

罗川古城中现保存三座石坊，从东向西依次是恩宠坊、天官坊、清官坊。

恩宠坊，建于明万历四十五年（1617），是赵邦清为感念生母刘氏、养母高氏教养之恩建立的，通高9.7米、宽8.35米，面阔3间。

清官坊、天官坊，分别建于万历四十二年（1614）四月和十二月，是朝廷为表彰清官赵邦清（曾任山东滕县知县、吏部稽勋司郎中、贵州遵义道监军参议）所建。均以红砂岩石磨凿镶砌而成，与"恩宠坊"建造风格一致，唯规模较小，高8.4米、宽8.23米。

赵氏石坊

这三座石坊均为四柱三间三层楼，斗拱歇山顶，全以红砂岩石料凿磨镶砌而成。明柱两侧有雕作石鼓，坊面浮雕有人物、花卉、飞禽走兽、山水、云木、房舍，还刻有文字，场面宏大，造型优美，刀法细腻，形象逼真，匠心独运，令人叹为观止，具有很高的雕刻艺术和建筑艺术价值。

普照寺大殿

普照寺，坐落在庆城县城内，原有建筑规模较大，同时有宋代太平兴国年间建筑的砖塔一座。惜尽被拆毁，今仅存大殿。

大殿坐北朝南，面阔5间，柱头斗拱为双抄双下昂。当心间补间斗拱为斜拱，其余各间斗拱各一朵。斗拱形体粗壮，柱头有几卷刹，歇山顶，房脊两端施鸱吻饰。明柱彩绘已脱落，唯一梁面残留二龙戏珠图，柱础六角形，各面浮雕一小卧狮。

普照寺大殿

据文献记载，此寺始建于北宋太平兴国五年（980），以后各朝代均有维修。近年，庆城县筹资对大殿恢复改造维修，并修建了部分仿古建筑。

辑宁楼

辑宁楼即旧宁州衙门楼，坐落于宁县城内中部石砌墙墩之上，下为旧署正门。楼东西长 15 米，南北宽 5 米，高约 7 米。砖木结构，五脊六兽，四檐出水，内为大厅 5 间，外面正前为明柱长廊，六柱间距 3 米，气势壮观。原楼建筑时间不详，清同治七年（1868）毁于兵燹。民国 13 年（1924）重修。民国 26 年（1937）红白区域划界谈判在此举行。

北石窟寺

北石窟寺坐落在西峰区董志镇罗杭村，位于寺沟川蒲河与茹河交汇处的东岸覆钟山石岩上，东北距西峰城区 25 公里。

是陇东地区规模最大、内容最丰富、创建年代较早、延续时间较长的重要石窟。平凉市泾川县有同时代修建的南石窟寺，世人遂将此二窟并称为"姊妹窟"。

北石窟寺窟群包括今寺沟南 1.5 公里处的石道坡、花鸦崖、石崖东台和北 1.5 公里处的楼底村的一个窟等几个部分。其中以覆钟山窟龛最为集中，现存窟龛 282 个，再加上其他几处，窟体内总计达 295 个窟龛。

北石窟寺的窟群，开凿在高 20 米、长 120 米的覆种山岩壁之上，大小造像有 2126 身。窟龛上下密集，宛如蜂房。165 号窟高达 14 米，小龛只有 20 厘米，石质为早白垩纪黄砂岩，质地均匀，胶结性能好。

北石窟寺

据史书记载，此窟开凿于北魏宣武帝永平二年（509），为泾川刺史奚康生所建。石窟造像不仅数量多，而且雕作技巧水平较高，再经过北周、隋、唐各个朝代的增开，形成了独具特色的风格。开凿于北魏时期的 165 号窟，覆斗式顶，窟内体呈方形，宽达 21.7 米、高 14 米、进深 15.7 米，规模宏大。造像以七世佛为主体，再配以胁侍菩萨、弥勒菩萨、普贤菩萨、阿修罗等塑像，佛高 8 米，菩萨高 4 米。窟顶有千佛、飞天、伎乐人以及以佛本生故事为题材的彩绘浮雕，是不多见的北魏石窟艺术佳作。

北石窟寺为全国重点文物保护单位，近年经过专家论证，国家几次投资对其进行维修、加固和周边环境治理，已成为市内主要的旅游景点。

4 红色遗迹

三岔毛泽东长征驻地

1935 年 10 月 9 日晚，红军第一方面军先遣部队经镇原县马渠唐家原、塔儿洼、寺庄湾，连夜赶到三岔，主力部队 10 日先后到达，这天毛泽东同志也到了三岔，住在当时的一座天主教堂中，随从人员住在教堂后的五个窑洞中。在此红军和民团等反动武装进行了几次战斗，取得了胜利，后兵分两路，进入环县。近几年，县、镇集资对三岔毛泽东长征驻地进行了全面维修，增修了围墙、大门、花园，征集整理了红军在镇原战斗生活过的资料和革命文物，建成了"红军长征纪念馆"，为爱国主义教育的重要阵地。

南梁革命纪念馆

南梁革命纪念馆坐落在华池县南梁乡荔园堡，是为纪念刘志丹、谢子长、习仲勋等老一辈无产阶级革命家和牺牲的革命先烈们而修建的。

土地革命战争时期，刘志丹、谢子长、习仲勋等老一辈无产阶级革命家创造性地运用和实践了毛泽东的"工农武装割据"思想，先后以陕甘边界的正宁寺村原、耀县照金、华池南梁为中心区域开展武装斗争，创建了西北第一支正规红军——中国工农红军第二十六军，最终建立了以刘志丹为主席的陕甘边区革命军事委员会和以习仲勋为主席的陕甘边区苏维埃政府（俗称"南梁政府"）。陕甘边革命根据地在西北第二次反"围剿"斗争胜利后与陕北革命根据地连成一片，形成陕甘革命根据地，成为土地革命战争后期全国"硕果仅存"的红色根据地，是党中央和红军长征的落脚点，也是主力红军改编为八路军后奔赴抗日前线的出发点之一。

为了缅怀老一辈无产阶级革命家的丰功伟绩，弘扬南梁精神，1985 年，甘肃省委、省政府决定筹建南梁革命纪念馆。整个建筑气势宏伟、肃穆庄严，前面是 10 多米高的两层仿古式城门楼，镶嵌着陈云同志亲笔题写的馆名。穿过四柱双联牌坊门，是一座六角亭，亭内立有南梁革命历史简介碑。后面是高达 34.117 米的纪念碑，纪念碑正面镌刻着胡耀邦同志题写的"革命烈士永垂不朽"八个大字，碑座东西两侧及背面刻着 608 位烈士的英名，纪念碑后面是显示陕甘边区军民英雄气概的白色群雕，西侧是清音楼。最后面是陕甘边区苏维埃政府旧址，门槛有习仲勋亲笔题名，内有 3 个展厅，分别陈列有毛泽东、周恩来、朱德及方毅、马文瑞、汪锋等和当年在南梁地区战斗过的老前辈的题词。

近年来，在东侧又修建了一座新的纪念馆，广泛征集文物和资料，利用文字、图片、绘画、雕塑、蜡像、实物等布展，再现了伟大的南梁革命斗争史。南梁革命纪念馆已成为爱国主义教育、国防教育和党史研究基地，2004年被国务院确定为全国百个红色旅游经典景区之一。

南梁革命纪念馆

曲环工委旧址

1936年5月下旬，彭德怀率中国工农红军西征军进入环县境内。6月1日，左权、聂荣臻带领左路一军团发起了曲子战斗，俘虏国民党曲子守将、旅长冶成章（外号冶骡子），曲子宣告解放。随即成立了曲环工委，习仲勋任工委书记。1936年11月下旬，陕甘宁省党政机关由环县河连湾迁至曲子镇。1937年9月，陕甘宁省委、省政府撤销后，成立了庆环分区党委和行政督察专员公署，马文瑞任区委书记、马锡五任专员，办公地点设在曲子，直到1940年4月，庆环分区撤销，成立陇东分委，迁驻庆城。

曲环工委旧址（曲子县旧址、陕甘宁省旧址、庆环分区旧址）位于曲子镇双城村东沟队、211国道东侧，距曲子街道1.5公里，现保留李富春、习仲勋、马锡五、马文瑞等的旧居和曲环工委、曲子县、陕甘宁省、庆环分区办公旧址等窑洞66孔。

河连湾陕甘宁省政府旧址

河连湾陕甘宁省政府旧址在环县洪德乡河连湾村，位于211国道东侧。

1936年7月，陕甘宁省委和省政府从陕北洛河川的下寺湾迁到环县洪德乡的河连湾，当时下辖赤安、华池、环县、曲子、定边、固北、豫旺、豫海等18个县。李富春任省委书记、马锡五任省政府主席，带领这里的人民群众打土豪、分田地、剿匪反霸、发展生产，进行了艰苦卓绝的革命斗争和经济建设。从此，河连湾就成了陕甘宁省的政治军事活动中心，亦成为组织和领导陕甘宁省各县各族人民开展武装斗争的大本营。"西安事变"后不久，陕甘宁省委和省政府从河连湾迁到曲子，1937年4月撤销。

1987年7月1日环县人民政府在这里竖起了纪念碑，碑的正面阴刻萧劲光题写的"中共陕甘宁省委、陕甘宁省政府旧址"，背面是原陕甘宁省委和省政府光辉业绩简介。之后，进行了扩建，建成了环县革命斗争史展室、李富春（蔡畅）办公室、马锡五等领导人办公室，还有会议室、警卫室等展室，展出革命斗争史近20个板块、各类图片120多幅、各类文物50多件。

河连湾陕甘宁省委、省政府旧址及其纪念馆，为省级文物保护单位，同时又是爱国主义、国防教育和党史教育基地。

山城堡战役纪念园

1936年11月发生在庆阳市环县的山城堡战役，是红军三大主力会师以后联合作战取得全面胜利的一场战役，也是第二次国内革命战争的最后一仗。这场战役由毛泽东、周恩来、朱德亲自部署，彭德怀前线指挥，一、二、四三个方面军联合作战，新中国成立后担任党和国家领导人及授予元帅、大将、上将军衔的40多位红军将领共同参与。山城堡战役的胜利，迫使国民党停止了对陕甘宁根据地的进攻，壮大了红军的声威，对实现中共中央"逼蒋抗日"与国内和平起到了重要的促进作用。

山城堡战役纪念园

山城堡战役纪念园为全国红色旅游经典景区、省级文物保护单位、甘肃省爱国主义教育基地、甘肃省党史教育基地。景区占地380亩，计划建设纪念碑、纪念馆、红军舞台、旗帜广场、红色主体景观、祝捷大会会馆、观战楼、烈士陵园、窑洞皮影剧院、红军之家、红色体验园、红军村、游客服务中心及配套基础设施。

抗大七分校旧址

抗日军政大学第七分校旧址位于华池县林镇乡东华池村街道南侧。

1941年7月，中央军委决定，将八路军120师教导团和抗大总校一个大队组建为抗日军政大学第七分校（简称"抗大七分校"）。校址初设在山西兴县李家湾。1943年2月奉命西渡黄河，校部迁到华池县东华池村。这里背靠山梁，位于子午岭林区深处。环顾四周，山丘连绵，林木苍翠，鸟语花香，环境幽雅。

抗大七分校旧址

时任校长彭绍辉，政委张启龙，教育长方富生，有学员5200多人，编为三个大队和女生队。一大队驻大凤川，二大队驻豹子川张岔，三大队驻平定川，女生队驻东华池。学校组织师生一边学习，一边开展大生产运动。主要开设政治、军事、文化、专业技术课程，按学员程度进行分类教学，有的还选修外语。短短数年，学校开垦粮田6万多亩，修建了校部、宿舍、食堂、能容纳2000人的大礼堂，还开办了商店、邮电所、照相馆等，改变了当地的生产、生活面貌。学员们经过艰苦的劳动和学习，成长为一批优秀的政治、军事和专业技术人才。

校址现保存有30孔石箍窑，"U"形排列，室内均布资料展览，庭院宽敞，纯朴大方，与南山东华池塔之飞檐翘角交相辉映，属一处教育基地和美丽的自然景观。

七七〇团大生产运动旧址

七七〇团大生产运动旧址位于华池县林镇乡东华池村刘坪自然村小凤川沟口。

抗日战争时期，为了保卫边区、粉碎国民党顽固派对边区的经济封锁、贯彻毛泽东主席和朱德总司令的屯田政策，三八五旅七七〇团由团长张才千率领，于1943年4月开赴华池县的大、小凤川，开展大生产运动。当时这里人烟稀少，野兽出没，草木杂生，十分荒凉。但英雄的七七〇团指战员们，挖野菜、打野猪以度粮荒，搭草棚、挖窑洞以作营房。同时利用废铁、杂木自制各种生产工具，掀起了轰轰烈烈的大生产运动。他们不仅开荒种粮，同时还利用当地的有利资源，开展饲养、采集、挖药、割漆、酿酒、纺织等各种副业生产。第二年全团呈现出一派"粮食满仓，蔬菜有余，牛马成群，猪羊满圈"的繁荣景象。七七〇团于 1944 年 11 月离开这里时，在大、小凤川交会处建立了一座纪念碑，详细记述了当时的情景、丰硕成果和出色的人物。

为了纪念七七〇团大生产运动的史实和英雄模范事迹，华池县在旧址建起纪念馆，广泛征集资料、遗存、革命文物及标本，进行了布展，供人们学习参观。

六 现代风貌

在社会主义革命与建设的各个时期，庆阳人民发扬革命老区的光荣传统，艰苦奋斗，奋发图强，取得了经济社会发展的巨大成就，谱写了一曲曲雄浑壮美的建设之歌、发展之歌。

1 发展历程：阶段性特征明显

改革开放前：曲折发展的 29 年

1949～1977 年，庆阳社会主义改造和建设在曲折的道路上艰难前行。其中：1949～1956 年是持续上升的 7 年，国民经济在恢复的基础上得到全面发展，工农业总产值达 2.48 亿元，年均增长 3.64%。1957～1962 年是曲折困难的 6 年，受"大跃进"和三年自然灾害的影响，国民经济陷入低谷，工农业总产值降至 1.96 亿元，比 1956 年减少了 21%。1963～1965年是恢复发展的三年，经过全面调整，经济回升，困难局面得到迅速扭转，工农业总产值达 2.74 亿元，年均增长 11.93%。

1966～1976 年"文化大革命"时期,经济社会在挫折中发展,工农业总产值达 4.51 亿元,年均增长 4.52%。

农田水利建设成绩斐然 在"农业学大寨"运动中,农田水利建设掀起热潮,到 1976 年,全市建成水平梯条田 274.2 万亩,发展有效灌溉面积 70.37 万亩,极大地改善了农业生产条件。1970 年 8 月在西峰秦坝岭打成庆阳历史上第一眼机井,灌溉面积 100 多亩。1975 年,全市风调雨顺,粮食获得大丰收,单产 152.5 公斤,总产量 84.9 万吨,创历史新高,这一纪录直至 1990 年才被突破。

地方工业初成体系 在"工业学大庆"运动中,建成小电厂 135 处,装机 1.5 万千瓦,并建成了西峰 110 千伏变电站,与刘家峡大电网联网,兴建了化肥厂、卷烟厂、水泥厂、净石沟煤矿、肉联厂、毛纺厂、地毯厂、电机厂、农机一厂、农机二厂、西峰酒厂等一批骨干工业企业。1970 年,全市工业企业 174 户,总产值 1419 万元;1977 年,全市工业企业发展到 292 户,总产值 9100 万元。主要工业产品有成品油、化肥、水泥、机械、塑料制品、纺织产品、皮革、卷烟、服装、火柴、白酒等百余种。

改革开放后:大步前进的 22 年

党的十一届三中全会后,全市的工作重点转移到经济建设上来。随着改革开放的深化,庆阳发展进入了一个大步前进的新时期。1978～2000 年的 22 年间,庆阳经济社会发生了深刻变化,工农业生产稳步增长,城乡市场繁荣兴旺,基础设施建设突飞猛进,各项社会事业全面进步,人民生活得到了明显改善。

2000 年，全市生产总值达 59.86 亿元，是 1978 年的 8.17 倍，年均增长 10%。这期间，1983 年 7 月，中共中央总书记胡耀邦到庆阳视察。1986 年 5 月，国务院副总理田纪云到庆阳视察。

农村经营制度改革激发活力　1981 年，全市农村全部实行家庭联产承包责任制，农业生产管理体制从三级所有、三级管理进入到以农户联产承包责任制为主的新阶段，加之良种和农业科技推广步伐加快，极大地解放了农村的生产力，提高了土地产出率和农业效益。农村经济由长期单一的粮食生产向以粮为主、多种经营和农工商综合发展的方向转变，农业支柱产业更加明确，区域布局更加明显。到 1995 年，粮油、烤烟、林果、羊畜四大支柱产业系列开发每年提供财政收入 1 亿元，对农民纯收入的贡献占到 42%。

个体工商业迅速成长　随着改革开放的逐步深入，乡镇企业和个体工商业如雨后春笋般发展起来。到 1991 年，全区乡镇企业从业人员达 14.3 万人。但由于生产经营跟不上市场经济发展的步伐，部分乡镇企业先后被改制或关停，取而代之的是一些经营机制灵活、规模相对较大的私营企业或股份制企业。同时，市场建设如火如荼，各种专业市场和综合市场应运而生，为商贸流通繁荣发展搭建了平台。1993 年 5 月，全市第一个大型商品批发市场——陇东商场建成投入使用。2000 年，全市个体工商户达 2.57 万户，从业人员 4.6 万人。

随着非公有制经济的蓬勃发展，全民（国有）和集体企业开始出现不同程度的生产经营困难。20 世纪 80 年代，企业普遍推行多种形式的经济责任制；90 年代后期，市、县两级国有和集体企业以出售、转让、破产为主要形式，全部进行了大刀阔斧的改制。

21世纪以来：转型跨越发展的新时代

进入21世纪，随着国家西部大开发战略的实施，庆阳发展步入了转型跨越的新时代，经济社会发展进一步加快，城乡面貌变化巨大，人民生活水平持续提高，成为甘肃省东部的经济增长极。在21世纪初初步实现小康的基础上，正在向全面建成小康社会的目标迈进。2012年3月，《陕甘宁革命老区振兴规划》由国务院批复，这是我国推出的第一部专门针对革命老区振兴发展的规划，以国家战略全面支持包括庆阳在内的陕甘宁革命老区发展，促使老区迈上了经济、社会、生态等全面振兴的新起点。2012年，全市生产总值530亿元，是2000年的4.54倍，年均增长13.4%；地方财政收入53亿元，是2000年的15.1倍，年均增长25.4%；城镇居民人均可支配收入16662元，是2000年的3.97倍，年均增长12.2%；农村居民人均纯收入4262元，是2000年的3.35倍，年均增长10.6%。这期间，2009年6月，中共中央政治局常委、国家副主席习近平到庆阳视察。2012年春节前夕，国务院总理温家宝来到庆阳，和老区人民一起喜迎新春。

2 正在崛起的"能源新都"

储量巨大的油煤气资源注定了庆阳是一个能源输出型城市。国务院办公厅《关于进一步支持甘肃经济社会发展的若干意见》和国务院批复的《陕甘宁革命老区振兴规划》，把庆阳确定为"国家重要的能源化工基地""战略性石化工业基地""全国大型煤炭生产基地""西电东送和西气东输基地"，庆阳打造"能源新都"正当其时。

石油化工率先发展 1970 年初，陕甘宁石油会战各路大军浩浩荡荡开赴庆阳。8 月 7 日，庆阳地下第一股原油喷涌而出，这口油井成为长庆油田的第一口油井。此后 40 多年来，庆阳累计产出原油 5860 万吨，其中 2012 年原油产量为 575 万吨。在原油生产的同时，原油加工业也在逐步壮大。1980 年庆阳石化投产，起初原油加工能力为 6 万吨/年，2008 年达到 150 万吨/年，2010 年搬迁改造后加工能力达 350 万吨/年。

煤炭开发后劲强大 20 世纪七八十年代，庆阳境内环县北部建有小型煤矿，生产能力小且时断时续。2008 年，华能集团以 47.5 亿元的价格获得号称甘肃第一大煤田的正宁南煤田的开发权，在当时被誉为"天价"，创下了中国矿权出让的市场最高价。2010 年，国家发改委正式批复正宁矿区总体规划，建设规模 2000 万吨/年，其中核桃峪矿井 1200 万吨/年，新庄矿井 800 万吨/年。正宁矿区建设拉开了庆阳煤炭大规模开发的序幕。目前，华能、华电、大唐、晋煤等多家大型企业入驻庆阳参与煤炭开发，甜水堡、马福川、九龙川等 8 个矿井相继开工建设，总产能 3860 万吨/年。

绿色发展主题鲜明 作为一个能源大市，怎样把资源优势变为产业优势和发展优势，做到在资源开发中实现企业效益最大化和地方发展、居民利益最大化，庆阳人居安思危、反复思

煤炭开发

量。为了实现优势资源由单一开发模式向循环利用转变，由
"黑色印象"向"绿色主题"转变，决策层经过调研论证，提
出按照"资源开发市场化、资源应用产业化、资源效益最大
化、资源利用永续化"的要求和"建设大基地、构筑大产业、
实现大循环"的原则，全力推进以产业融合促进地企深度融
合发展的理念，采取绿色开发、深度转化、延伸增值、循环利
用四种方式，全力打造"双千万吨"石油石化、两千万吨煤
转化、十亿立方米煤层气开发、百亿立方米天然气综合利用和
能源转化废弃物循环再利用五大产业集群，努力建设绿色、循

环、低碳、高效开发的能源新都，实现企业效益大提高、地方经济大发展、群众收入大增长的幸福美好新庆阳。

目前，庆阳原油产量正以每年 150 万吨的速度增加，2015年可达 1000 万吨。庆阳石化公司 600 万吨炼油升级改造项目已经开工建设，并将发展 1000 万吨炼油和下游乙烯、丙烯、碳四、苯等高附加值化工产品项目，实现由燃料型炼厂向燃料化工型炼厂的转型。规划建设的 8 个矿区、19 个大型现代化煤矿，总产能为 1.2 亿吨/年；将布设 11 座燃煤电厂，引入高端企业发展冶金、建材、轻工等现代高载能产业，并采取煤制肥、煤制气、煤制聚烯烃、煤制油、煤制兰炭 5 种模式延长煤化工产业链。规划建设煤层气压缩站、加气站、煤层气液化厂，发展天然气乙炔、甲醇、丁二醇等高附加值的精细化工产品。对能源加工转化过程中各类废弃物将进行全面综合利用，吃干榨尽、变废为宝。

可以预见，随着庆阳的大开发、大发展，一个能源产业发达、生态环境良好的宜业、宜居城市，将在中国西部崛起。

3 正在转型的农业大市

庆阳是华夏农耕文明的发祥地，传统农业长期占据主导地位。进入 21 世纪以来，随着农业物质装备和技术装备水平的不断提高，庆阳用工业化的理念经营农业，用现代经营方式拓展农业，用现代产业规范提升农业，用现代物质条件装备农业，加快农业规模化、产业化、标准化、机械化进程。昔日的

"陇东粮仓"正在由传统农业向现代农业转型，全国绿色农产品生产加工示范区正在如火如荼的建设中。

优势农产品基地初具规模　苹果、草畜、瓜菜三大主导产业和小杂粮、中药材、杂果等特色优势产业呈现出规模扩大、基地向优势区域集中的态势。2012年，苹果栽植面积118万亩，总产量42.93万吨。规模养殖场（小区）达566个，其中部级和省级畜禽标准化规模养殖示范场13个；猪饲养量存栏78万头，牛饲养量51万头，羊饲养量存栏225万只，肉类总产量6.25万吨。种植瓜菜105.4万亩，其中设施瓜菜达10.08万亩。697.64万亩粮食获得大丰收，总产量达155.75万吨，创历史最高水平。

农业产业化经营快速推进　2012年，农业部批准庆阳创建全国绿色农产品生产加工示范区。现有各类农产品加工企业234户，其中国家级重点龙头企业1户、省级23户、市级91户，2012年实现销售收入12.86亿元。各类农民专业合作组织达1157个，其中省级示范社30个、市级示范社60个，社员达8.77万户，占全市农户总数的16.4%。

农业科技和标准推广成效明显　全膜双垄沟播、测土配方施肥、灌区农田节水、畜禽标准化养殖、保护性耕作、秸秆青贮氨化等农业适用技术得到大面积推广应用，制定和推广农业标准124个，农业生产方式由粗放型向集约型、由数量增长型向质量效益型转变。2009年，农业部在庆阳召开北方旱作农业现场会。到2012年，累计认证无公害农产品34个、绿色食品19个、有机农产品12个，认证无公害农产品生产面积120

万亩，绿色食品基地面积 21.5 万亩，无公害畜禽养殖总量为 22 万头（只）。庆阳苹果、庆阳黄花菜、庆阳驴、早胜牛、板桥白黄瓜、环县滩羊、正宁大葱 7 种农产品通过国家地理标志登记，早胜牛、陇东黑山羊、庆阳苹果 3 个农产品证明商标成功注册。

农业基础条件不断改善 2012 年，全市水平梯条田达 498.23 万亩，有效灌溉面积达 71.91 万亩。全市拥有各类农业机械 3.5 万多台件，农机总动力 154.6 万千瓦，机耕、机播、机收作业率分别达 73%、53% 和 31%，农业生产机械化综合水平达 50%。

4 日益完善的立体交通

在现代社会，交通日益成为影响经济发展的重要因素。从地理位置看，庆阳宛如一块"飞地"，夹在宁夏、陕西之间，远离省会兰州和交通大动脉，过境公路等级低，接境公路断头多，成为甘肃一个较为封闭的偏远地区。2000 年前，庆阳境内仅有二级公路 145.9 公里。近年来，随着一批重大交通项目的建设投运，一张内通外畅、不断加密的交通网快速成型，初步形成集公路、铁路、航空、管道四种运输方式于一体的立体综合交通体系。近 10 多年是庆阳交通发展史上最辉煌的时期。

公路建设如火如荼 2002 年 11 月，庆城县至西峰一、二级公路建成通车（其中一级公路长 30 公里），从此结束了庆阳没有高等级公路的历史。2003 年 10 月，华池县打扮梁至庆城县二级公路竣工。2007 年 12 月，环县甜水镇至木钵镇二级公路建成投入使用。2011 年 12 月，庆阳历史上第一条高速公路——西长凤高速公路建成通车，它是青兰（青岛至兰州）高速公路（G22）以及福银（福州至银川）高速公路（G70）在甘肃省的组成路段。2012 年，连接西长二级公路、串联宁县和正宁两座县城的宁长二级公路长官路口至正宁县城段基本全线通车。2011 年，庆阳市区至镇原县二级公路开工。2013 年底，全长 126 公里的西雷高速公路（西峰到甘陕界的雷家角）建成通车，实现了青兰高速公路在庆阳境内的全贯通。西峰至合水县二级公路已经动工，随着这条二级公路的建成，庆阳将实现"县县通二级公路"，市区到达周边县城行车时间不超过 1 个小时。这期间，全市还建成乡村公路 5366 公里。至 2012 年底，全市累计实现 98.3% 的乡镇通油路，49.4% 的村通油路或水泥路。

西长凤高速

铁路延伸进入庆阳 新建成的西平铁路（西安至平凉）从陕西进入甘肃，途经庆阳市的"南大门"长庆桥镇，结束了庆阳境内无铁路的历史。

民航通达三大城市 庆阳机场1977年建成通航，1993年因适航机型淘汰被迫停航。2004年和2010年，分别实施3C级、4C级改造工程，能够起降波音737、空客A320等大型飞机。目前已开通庆阳至北京、兰州、西安的航线。从庆阳机场起飞，80分钟可达北京，45分钟可达兰州，30分钟可达西安，极大地缩短了庆阳到三大城市的距离。

庆阳机场

油气外送管道立新功 2006年11月，全长256.73公里的庆咸（甘肃庆阳至陕西咸阳）输油管道工程竣工投产。作为长庆油田设计最先进、新工艺应用最广、自动化程度最高、库容最大的第一条数字化跨省输油大动脉，每年可从庆阳输出原油300万吨。兰郑长成品油管道庆咸支线全长216.3公里，输出庆阳石化公司成品油。国家西气东输主干线也从庆阳穿过。地下管道源源不断地送出庆阳丰富的能源，有效地缓解了公路运输的压力。

交通兴，百业兴　交通大发展改善了庆阳的投资发展环境，带动了人流、物流的快速发展，让庆阳以更加开放的形象展现在世人面前。目前，正在审批中的银西（银川至西安）铁路和甜罗（环县甜水堡至正宁县罗儿沟圈）高速公路纵贯庆阳南北。庆阳人还在谋划建设一批过境铁路、高速公路和机场4D级升级。随着内通外畅、不断加密的立体交通网的快速成型，庆阳的区域性交通枢纽地位正在逐步形成。

5　特色节会扛起文化传承创新的大旗

漫漫历史长河造就了庆阳丰富灿烂的文化，宛如天空星斗熠熠闪烁。这其中，最具代表性的当数岐黄文化、周祖农耕文化、民俗文化和红色革命文化。近年来，庆阳人以建设文化大市为目标，利用丰厚的文化资源，在全国首创和举办了"中国庆阳端午香包民俗文化节""中国庆阳农耕文化节"，奏响了一曲曲文化发展繁荣的壮美乐章。

中国庆阳端午香包民俗文化节　2002年6月，首届中国庆阳香包民俗文化节在庆阳隆重举行。中外嘉宾2950人莅临，亚欧美非和大洋洲等14个国家与地区的友人与会，中央电视台著名节目主持人李修平、朱军主持开幕式，1200名演员演出了大型文艺节目《荷花飘香》，彭丽媛等参加"陇上家园之夏"晚会，这期间还举行了公祭周祖大典、保护民间文化遗产万人签名、经济文化论坛、香包商贸展销、招商引资项目签约等活动，参加节会活动的群众超过 20 万人，可谓盛况空前。

　　举办中国庆阳香包民俗文化节，是庆阳人依托节会平台，打造文化品牌、宣传新形象、推进大发展的一个创举。香包节以"中国"冠名，以代表庆阳民俗文化的"香包"为媒，每年在中华民族的传统节日——端午节前举办。从第四届开始，缘于香包和端午节的联系，"中国庆阳香包民俗文化节"嵌入"端午"两字，更名为"中国庆阳端午香包民俗文化节"。

香包节

　　一石激起千层浪，香包节的举办在国内外产生了重大影响，对推动庆阳文化乃至经济社会发展产生了积极效应。薄一波、铁木尔·达瓦买提、布赫、王光英、许嘉璐、马文瑞、王文元等国家领导人和全国知名学者贺敬之、张仃、靳之林等对香包节给予了极大的关注，他们或热情题词致信，或莅临庆阳指导。庆阳先后获得了中国香包刺绣之乡、徒手秧歌之乡、民间剪纸之乡、窑洞民居之乡、五蝠皮鼓——庆阳一绝、环县——道情皮影之乡、温泉乡公刘庙——华夏公刘第一庙、周祖农耕文化之乡、荷花舞之乡、中国民俗文化及民间工艺美术调研基地、中国民俗艺术教研基地等多项全国性命名，一个以庆阳特色文化为内容的文化保护传承创新热潮迅速掀起。文化产业也随之快速发展，2008 年，庆阳被文化部文化产业司命名为"全国文化产业示范基地"。

中国庆阳农耕文化节　以传承农耕文明、弘扬民俗文化、发展现代农业、推动区域发展为主题，每两年举办一次，已于 2009 年、2011 年、2013 年分别举办了三次。国家领导人许嘉璐、桑国卫分别致信祝贺，农业部等国家有关部委以及甘肃省领导莅临指导。节会期间举行了农耕文化历史展和现代农业成果展、公祭周祖大典、庆阳民俗文化产品展等活动。农耕文化节的举办，为发掘传统农耕文化的历史意义和现实价值、推动现代农业建设，产生了积极而深远的影响。

历次（届）中国庆阳端午香包民俗文化节、中国庆阳农耕文化节期间，均先后成功举办了中国农耕文化与现代农业论坛、全国文化创意产业发展论坛、岐黄文化暨中华中医药学会学术研讨会、周先祖与中国文化学术报告会等多个高规格的文化研讨交流活动，有力地推动了岐黄文化、周祖农耕文化、民俗文化的研究、传承、发扬和相关领域前沿学术思想的传播。其中，周先祖与中国文化学术报告会于 2011 年 8 月 29～30 日举办，来自清华大学、北京大学、武汉大学、复旦大学、北京

师范大学、中国孔子研究院等全国知名高校和科研院所的 11
位权威专家以及市内相关领域的学者、学术机构代表参加了学
术报告会。与会专家学者通过对庆阳与农耕文化、庆阳与儒家
思想关系的考证、研究、讨论，一致认为，庆阳先周时期积淀
形成的以早期农耕文明、礼乐制度、伦理观念和道德规范等为
主要内容的先周文化，涵盖了政治、经济、历史、文化等多个
领域，囊括了哲学、经学、语言学等多个学科，对中国传统文
化特别是农耕文化、儒家文化的形成都产生了重要影响，由此
得出一个重要结论：庆阳既是农耕文化的发祥地，也是儒家思
想产生的源头。

后　记

在编委会全体成员的共同努力下,《庆阳史话》终于付梓出版了。

中共庆阳市委、市政府高度重视《庆阳史话》的编写工作,成立了编委会,甘肃省副省长、中共庆阳市委书记夏红民亲任编委会主任、主编,审定编辑方案,多次审阅、修改文稿,并撰写序言;市委副书记、市长栾克军,市委常委、宣传部长黄正军任编委会副主任,对编写工作给予了大力支持和具体指导;市委宣传部常务副部长左江华组织制定编写方案,给予人员经费保障;市社科联主席马启昕负责具体编写事务,制定编写大纲,组织座谈讨论,收集稿件图片,并做了统稿修改工作;陇东学院高新民教授对全书进行了审校。市情概览与现代风貌两部分由市政府研究室副主任胡金玉执笔,历史沿革与史海钩沉两部分由陇东学院教授马啸执笔,地方文化部分由陇东学院副教授齐社祥执笔,人文景观部分由市政协文史委主任杜养惠执笔。

在《庆阳史话》编辑出版过程中，社会科学文献出版社的黄丹、苏运才、李旭龙诸位同志给予了热情周到的帮助，付出了艰辛的劳动，在此表示真挚的感谢。

编　者

2014 年 9 月

史话编辑部

主　　任　宋月华

副 主 任　黄　丹　杨春花

成　　员　（以姓氏笔画为序）
　　　　　　王　和　王玉霞　刘　丹　孙以年
　　　　　　连凌云　范明礼　周志宽　高世瑜

行政助理　苏运才

图书在版编目（CIP）数据

庆阳史话/夏红民主编.—北京：社会科学文献出版社，
2014.11
（中国史话）
ISBN 978 – 7 – 5097 – 6518 – 0

Ⅰ.①庆…　Ⅱ.①夏…　Ⅲ.①庆阳市 – 地方史
Ⅳ.①K294.23

中国版本图书馆 CIP 数据核字（2014）第 216072 号

"十二五"国家重点图书出版规划项目

中国史话·社会系列
庆阳史话

主　　编／夏红民

出 版 人／谢寿光
项目统筹／宋月华　谢 安　　责任编辑／黄 丹

出　　版／社会科学文献出版社·史话编辑部（010）59367215
　　　　　　地址：北京市北三环中路甲 29 号院华龙大厦　邮编：100029
　　　　　　网址：www. ssap. com. cn
发　　行／定制出版中心（010）59366509　59366498
　　　　　　市场营销中心（010）59367081　59367090
　　　　　　读者服务中心（010）59367028

印　　装／北京鹏润伟业印刷有限公司
规　　格／开 本：889mm × 1194mm　1/32
　　　　　　印 张：4.875　字 数：102 千字
版　　次／2014 年 11 月第 1 版　2014 年 11 月第 1 次印刷
书　　号／ISBN 978 – 7 – 5097 – 6518 – 0
定　　价／25.00 元